VIER QUELLEN DER ERKENNTNIS

VIER QUELLEN DER ERKENNTNIS

ELLIS POTTER

Aus dem Amerikanischen
von Markus Thiel

Destinée Media

Copyright der deutschen Ausgabe (C) 2017 Ellis Potter

Das Werk, einschließlich seiner Teile, ist urheberrechtlich geschützt. Jede Verwertung außerhalb der Grenzen des Urheberrechts ist ohne Zustimmung des Verlages unzulässig. Das gilt insbesondere für die elektronische oder sonstige Vervielfältigung, Übersetzung, Verbreitung und öffentliche Zugänglichmachung. Ausgenommen sind kurze Zitate innerhalb von kritischen Artikeln und Buchrezensionen. Weitere Informationen: info@destineemedia.com

Es wurde angemessene Sorgfalt aufgewendet, um Originalquellen und Copyright-Inhaber aufzuzeigen. Sollte eine Zuordnung falsch oder unvollständig sein, bittet der Verlag um schriftliche Mitteilung, um zukünftige Auflagen korrigieren zu können.

Verlag: Destinée Media
www.destineemedia.com
Englischer Originaltitel: How Do You Know That?
Übersetzung: Markus Thiel
Chefredakteur: Peco Gaskovski
Foto des Autors: Andrea Peterson

Copyright (C) 2016 Ellis Potter
ISBN-13: 978-1-938367-36-6
ISBN-10: 1-938367-36-7

WAS IST AUTORITÄT? 9

EPISTEMOLOGIE IST KEINE KRANKHEIT 15

DIE VIER ECKEN 19
I. Die Bibel (Offenbarung) 21
II. Rationalität 25
III. Institution (Tradition) 29
IV. Erfahrung 37

GETTING SQUARE („VIERECKIG WERDEN") 41
Käse oder Bier? 44
Vorlieben in religiöser Richtungen 47
Deine „epistemologische Temperatur" 52
Die Denkansätze „Brunnen" und „Erzählung" 55
Mit einem einzigen Auge sehen 63

33 FRAGEN 69

Dieses Buch ist
www.labri.org
gewidmet, wo viele der darin enthaltenen Ideen ihren Anfang haben.

■ ■ ■ ■

Woher weißt du das?

Wenn ich als Kind diese Frage stellte, bekam ich zu hören: „Das wirst du verstehen, wenn du älter bist" oder „Die Trinität ist ein Paradoxon" oder irgendeine andere schwammige Antwort. Das half mir nicht, den Menschen zu vertrauen, denen ich diese Frage stellte. Ein großer Teil meines Lebens bestand aus der Suche nach Antworten auf die Frage „Woher weißt du das?" und daraus, herauszufinden, wie weit man zu den Grenzen des Wissens vorstoßen kann. Dieses Buch ist das Ergebnis von (bislang) 67 Jahren des Suchens.

Vermutlich hast du wie die meisten Menschen die Frage „Woher weißt du das?" schon oft gestellt. Wie alt warst du, als du dies zum ersten Mal fragtest? Wie alt warst du, als dir diese Frage zum ersten Mal gestellt wurde? Viele Kinder fangen im Alter von zwei oder drei Jahren an, solche Fragen zu stellen.

„Woher weißt du das?" schließt die Fragen „Wer hat das gesagt?" und „Aus welcher Quelle weißt du das?" mit ein. Wir alle müssen uns sicher sein darüber, was wir wissen. Aber verschiedene Quellen der Erkenntnis stehen in unserem Leben und in unserer Gesellschaft oft miteinander im Wettstreit oder gar im Konflikt. Sollte das so sein?

Sowohl unsere Identität als auch der Sinn unseres Lebens hängt davon ab, wie wir wissen können. Wenn verschiedene Quellen der Erkenntnis in Konkurrenz miteinander sind, kann das verwirrend und spannungsvoll sein. Wie können wir damit umgehen? Sollen wir die eine Quelle anerkennen und die andere ablehnen? Oder befreien wir uns gleich von allen maßgebenden Erkenntnisquellen?

In diesem Buch werden wir einige dieser maßgebenden Quellen erkunden, welche unserem Wissen zugrunde liegen. In mancher Hinsicht sind diese Quellen sehr unterschiedlich, sie scheinen sogar kaum zusammenzupassen oder sich gar zu widersprechen. Aber wäre es nicht auch möglich, dass diese unterschiedlichen Autoritäts-Quellen sich gegenseitig ergänzen oder vervollständigen? Wir werden diese Möglichkeit untersuchen, da sie uns zu einem reicheren und umfassenderen Verständnis unseres Lebens und der Welt führen könnte.

WAS IST AUTORITÄT?

Welche Autoritäten hast du in deinem Leben? Wenn ich einer Gruppe von Menschen diese Frage stelle, bekomme ich in der Regel eine lange und unvorhersehbare Liste von Antworten. Hier ist ein Beispiel:

Die Eltern
Gott
die Polizei
die Regierung
Lehrer
Kollegen
Freunde
ich selbst
das Gesetz
die Schwerkraft
berühmte Persönlichkeiten
Erfahrung
die Medien
die Werbung
Nahrung
die Familie
die Nation
geistige Fähigkeiten
die Sinne
die Naturwissenschaften
moralische Werte
der Pfarrer
eine Enzyklopädie
die Bibel
Gefühle
das Wetter
der Teufel

Was haben all diese Beispiele von Autorität gemeinsam? Oder anders gefragt: Was ist eigentlich Autorität? Manche Leute antworten: „Einfluss". Andere wiederum meinen: „Eine Quelle von Wahrheit". Viele Leute sagen: „Autorität ist etwas, das man jemandem oder einer Sache verleiht". Allerdings scheint das nicht wirklich zu funktionieren. So kann man z.B. der Schwerkraft keine Autorität „verleihen", weil die Schwerkraft diese einfach hat. Manche Dinge und manche Menschen besitzen Autorität, unabhängig davon, ob wir sie ihnen verleihen oder nicht. Sie hatten schon Autorität, bevor wir geboren wurden. Die Idee, dass manche Dinge an sich Autorität haben, bedeutet nicht, dass diese Autorität uns angenehm ist. Wenn du von einem Gebäude herunterfällst, wird dir die Autorität der Schwerkraft nicht dabei helfen, dein Leben zu retten.

Viele denken, dass Autorität gleichbedeutend ist mit „Kraft". Damit meinen sie nicht eine Form von physikalischer Energie, sondern die Ermächtigung in zwischenmenschlichen Beziehungen. Autorität scheint sowohl persönliche als auch nicht-persönliche Aspekte zu beinhalten. Die meisten Menschen anerkennen auch, dass Autorität eine Notwendigkeit des Lebens ist, obwohl sie missbraucht oder zweckentfremdet werden kann.

Ich würde Autorität folgendermaßen definieren:

Autorität ist die Macht, die Wirklichkeit zu beschreiben.

Was ist damit gemeint? Wie kann man das auf das reale Leben anwenden? Nehmen wir zum Beispiel Eltern und Kinder. Die Eltern stellen für junge Kinder eine Autorität dar, weil sie die Macht haben, die Wirklichkeit der Kinder festzulegen. Sie bestimmen die Zubettgehzeit, die Spielzeit und die Mahlzeiten der Kinder. Sie bezeichnen, wo die Kinder spielen dürfen – im Hinterhof oder im Garten, aber nicht auf der befahrenen Straße.

Ganz kleine Kinder können die Realität nicht selbst festlegen und brauchen die Autorität ihrer Eltern, um zu überleben. Sie besitzen weder die dazu notwendige Weitsicht noch die Erfahrung. Ihr Leben hängt von der Autorität der Eltern ab. Sie könnten sterben, wenn sie auf der Straße statt im Garten spielen.

Wir wissen aber auch, dass Eltern ihre Autorität nicht immer auf vollkommene Weise ausüben. Wir alle wurden während unserer Kindheit teilweise durch unsere Väter und Mütter verletzt, verzogen oder unterdrückt, weil diese Fehler begangen darin, wie sie ihre Autorität ausgeübt haben. Dennoch sind Kinder unbedingt abhängig von ihren Eltern, soweit wie sie die Wirklichkeit nicht für sich selbst beschreiben können. Es führt kein Weg daran vorbei.

Nicht nur kleine Kinder brauchen Autorität. Menschen jeglichen Alters brauchen die Autorität des Gesetzes, der Regierung, der Gesellschaft, der Familie und von wirtschaftlichen Strukturen, um sicher zu sein vor Chaos und Tod.

Ärzte sind ein weiteres Beispiel für Autorität. Ein Arzt hat die Macht, Krankheit und Gesundheit eines Patienten zu bezeichnen. Ein Arzt kann sagen: „Dies ist Ihre Krankheit, das sind die Ursachen, und hier sind Medikamente, um die Krankheit zu heilen." In vielen Fällen würde der Patient sterben, wenn er die Autorität des Arztes ablehnen würde. Und ebenso wie Eltern Fehler machen, machen auch Ärzte Fehler. Manchmal hat man einen unfähigen Arzt, und in diesem Fall könnte seine Autorität nicht hilfreich oder sogar gefährlich sein. Es kann vorkommen, dass ein Arzt Medikament X verschreibt, weil er weiß, dass der Hersteller von Medikament X ihn mit einem Luxusurlaub belohnen wird, wenn er genug davon verkauft.

Wie man anhand dieser Beispiele menschlicher Autorität sehen kann, gibt es keine Garantie, dass eine Autorität die Wirklichkeit korrekt beschreibt. Die Autorität beschreibt und wir hoffen, dass diese Beschreibung richtig ist, aber manchmal ist sie es nicht. Im Zusammenhang mit Autorität gibt es immer ein Element des Vertrauens. Vertrauen bedeutet, dass man ein Risiko eingeht und glaubt, dass aus der Autoritätsbeziehung ein Gewinn erwachsen wird und kein Schaden. Zwischenmenschliche Autorität funktioniert am besten, wenn gegenseitiges Vertrauen besteht.

Werbefachleute haben die Autorität, der Öffentlichkeit die Realität von Genuss, Schönheit und Gesundheit zu beschreiben. Sie haben die Macht, uns zu sagen, womit wir uns identifizieren sollen: wie wir angenommen, beliebt, beneidet, einflussreich und bewundert werden können. Werbeagenturen haben die Macht, uns davon zu überzeugen, dass der Kauf und die Verwendung eines Sortimentes von Produkten uns eine positive Identität verleihen und Befriedigung geben wird.

Autorität ist mit dem Wort „auto" verknüpft, was „selbst" bedeutet, wie z.B. in „Automobil" und „Autobiographie". Aber wenn Autorität sich vom „selbst" ableitet, mit welchem „Selbst" sollten wir dann beginnen? Sollten wir mit „mir selbst" anfangen? Bedeutet das, ich selbst muss ein Gott für mich selber sein? Bin ich gut darin, Gott zu sein? Oder bezieht sich „selbst" auf ein mächtiges und vertrauenswürdiges anderes „Selbst"? Könnte dieses andere „Selbst" vielleicht Gott sein?

Hier eine weitere Frage, welche sich auf die Silbe „auto" in Autorität bezieht: Wie nennen wir eine Person, die ein Buch schreibt? Wir nennen sie „Autor". Ein Autor hat die Autorität, die Realität in seinem Buch zu beschreiben.

Nehmen wir einmal an, Mary schreibt einen Roman, und darin schreibt sie: „John ist Alkoholiker". Nun liest George den Roman und sagt: „Ich glaube nicht, dass John Alkoholiker ist. Es ist nicht fair und nicht nett, ihn einen Alkoholiker zu nennen." Was denkst du, wie Mary reagieren wird? Wenn sie so ist wie die meisten Autoren, wird sie wahrscheinlich sagen: „Mein lieber George, du bist vollkommen verrückt! *Ich* bin die Autorin meines Buches und ich kann darin sagen, was immer ich will. Wenn ich sage, dass John grün ist und fünf Beine hat, dann ist er grün und hat fünf Beine. Für dieses Buch bin ich Gott." Das ist die Autorität eines Autors. Der Autor eines Buches hat die Macht, die Realität dieses Buches so zu beschreiben, wie immer er sie haben möchte.

Die Art und Weise, wie Menschen ihre Autorität nutzen, kann gut oder schlecht, vernünftig oder dumm, ein Segen oder ein Fluch sein, aber auf jeden Fall beinhaltet sie die Macht, zu beschreiben, wie die Welt ist.

Es gibt viele Arten von Autorität auf der Welt. In diesem Buch geht es vor allem um autoritative Quellen, die unserem Wissen zugrunde liegen – unserem Wissen über irgendetwas. Was aber hat Autorität, uns zu helfen, *wirklich zu wissen*?

EPISTEMOLOGIE IST KEINE KRANKHEIT

Was ist *Epistemologie*? Es ist keine Krankheit. Es ist die Lehre darüber, wie wir wissen, und wie wir wissen, dass wir wissen. „Epistemologie" leitet sich aus den griechischen Worten für „Erkenntnis" und „Lehre" ab. Folglich geht es darum, wie wir Informationen erfassen und in einen Zusammenhang bringen. Es geht darum, wie wir Informationen und Erfahrungen verarbeiten und wie wir mit ihnen umgehen.

Epistemologie ist etwas ganz Normales. Man betreibt sie jeden Tag, auf ganz unterschiedliche Weise. Ein Beispiel: Weißt du, ob du Schokolade magst? Wenn ja, woher weißt du das? Musstest du das vorher mit jemandem durchdiskutieren? Musstest du ein Buch lesen, um herauszufinden, ob du Schokolade magst? Musstest du eine mathematische Gleichung dazu lösen?

Nein. Du weißt aus Erfahrung, dass du Schokolade magst. Du steckst ein Stück in den Mund, du empfindest dabei Genuss, und dann weißt du es. Über dieses Wissen lässt sich nicht diskutieren. Wenn du mir sagst, dass du Schokolade magst, und ich zweifle es an, dann ist das schlichtweg albern.

Die Römer hatten ein Sprichwort: „De gustibus non est disputandum." Das bedeutet: „Über Geschmack lässt sich nicht streiten." Geschmack beruht auf Erfahrung. Wenn du mir erzählst, dass deine Lieblingsfarbe Rot ist, dann wäre es lächerlich von mir zu sagen: „Das stimmt nicht, es sollte Blau sein" oder „Willst du nicht lieber Blau nehmen?". Erfahrung kann nicht in Frage gestellt werden, ihre (Be)Deutung hingegen schon.

Wie wäre es damit: Du weißt, dass zwei plus zwei vier ergibt. Woher weißt du das? Manche antworten, dass ihr Lehrer es ihnen früher einmal gesagt hat. Aber der Lehrer kann ihnen unmöglich alle möglichen Zahlenkombinationen der Addition beigebracht haben. Wir lernen eine vernünftige Vorgehensweise, wie alle möglichen Zahlen zusammenpassen und miteinander verknüpft werden können. Vernünftig, „rational", bedeutet hier, die Wirklichkeit in „Ratios", d.h. in Beziehungen, zu erfahren.

Du weißt, dass zwei plus zwei vier ergibt, aber du weißt nicht, wie das schmeckt. Somit unterscheidet sich dein Wissen über zwei plus zwei von deinem Wissen über Schokolade. Welches Wissen ist nun wahrer? Beide sind gleich wahr, aber es sind ganz unterschiedliche Arten des Wissens.

Du weißt auch, dass du bei einer roten Ampel anhalten musst und bei Grün fahren darfst. Woher weißt du das? Viele Menschen sagen, dass Wissen etwas Logisches ist. Das stimmt aber hier nicht. Rot ist eine heiße, aktive Farbe und signalisiert: „Los!". Jeder Stier und jede Biene kann das bestätigen. Grün ist eine kühle, ruhige Farbe. Sie steht für Entspannung. Das wiederum kann jeder Innenarchitekt bestätigen. Unser Wissen über die rote und die grüne Ampel ist nicht logisch, es ist traditionell bzw. kulturell. Es ist wahres, notwendiges und lebensrettendes Wissen, denn obwohl dieses Wissen nicht rational ist, wäre es unklug, es zu ignorieren. Wir brauchen diese Art von Wissen, um unser Leben führen zu können. Es ist ein tief verwurzelter Brauch und Rhythmus für das Leben. Bei Rot zu stehen und bei Grün zu gehen wird bei Fußgängern und Fahrzeuglenkern als gegeben vorausgesetzt. Wenn wir es missachten, könnten wir in einen Unfall geraten und sterben. Kulturelles, traditionelles Wissen unterscheidet sich von Erfahrungswissen und von rationalem Wissen. Es ist aber gleich wahr.

Du weißt, dass deine Freunde dich mögen. Woher weißt du das? Vielleicht sagen sie es dir. Oder sie schätzen deine Nähe. Oder sie lachen bei deinen Scherzen oder sie ermutigen dich. Dieses Wissen kann sehr zart oder sehr stark sein. Wir brauchen diese Art von Wissen in unserem Leben.

Du weißt, dass die Bibel, der Koran, die Upanischaden, die Thora oder irgendein anderes heiliges Buch wahr ist. Woher weißt du das? Vielleicht aufgrund ihrer historischen Glaubwürdigkeit, wegen ihrer inneren Stimmigkeit oder weil sie sich auf dein eigenes Leben anwenden lassen und zu deinem Wohlergehen beitragen? Dein Wissen darüber, dass die Bibel oder ein anderes Buch wahr ist, wird aber auch Glauben beinhalten – auf eine ähnliche Weise, wie du auch ein gewisses Maß an Glauben brauchst, um zu wissen, ob ein Freund dich mag.

Wie man anhand dieser Beispiele sehen kann, gibt es viele unterschiedliche Wege, um zu Erkenntnis und Wissen zu gelangen. Vielleicht fallen dir auch noch andere Beispiele ein. Wissen ist etwas derart Reichhaltiges und Vielschichtiges, dass wir es nicht vollständig begreifen können. Wenn wir jeweils von nur einem dieser Erkenntniswege ausgehen, können wir nicht das ganze Bild erkennen. Wir wissen nicht von allem, wie es schmeckt, und nicht alles hat einen Geschmack. Nicht alle unsere Erkenntnis ist logisch. Für eine vollständige und lebendige Epistemologie sind dennoch all diese Wege zum Wissen notwendig. Die Beziehung zwischen den unterschiedlichen Arten des Wissens sollte jedoch nicht bestimmt sein durch Konkurrenzkampf, sondern durch Komplementarität, das bedeutet, dass sie einander brauchen und sich gegenseitig ergänzen.

Die vier Ecken

Sehen wir uns einmal die unterschiedlichen Quellen an, aus denen wir Erkenntnis schöpfen können. Stell dir einmal ein Quadrat vor. Jede der Ecken steht für eine maßgebliche Erkenntnisquelle unseres Wissens oder unserer Epistemologie. Wir werden nicht nur jede dieser Ecken einzeln betrachten, sondern auch ihre Beziehungen untereinander untersuchen und sehen, warum alle nötig sind für eine vollständige Erkenntnislehre.

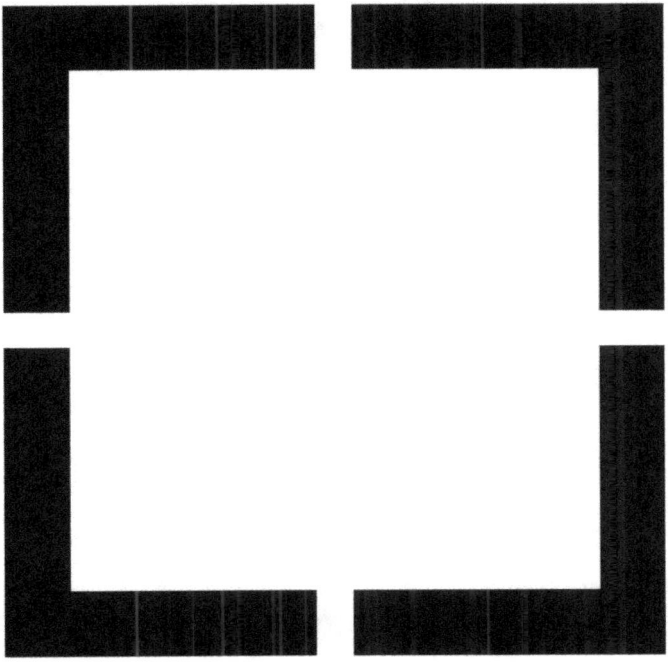

DIE ERSTE ECKE

In der ersten Ecke steht der Buchstabe **B** für **Bibel** (oder Offenbarung). Die Bibel, wie auch andere Offenbarungen, z.B. der Koran, die Upanischaden und die Veden, sagt Dinge über die Wirklichkeit, die wir auf keine andere Art wissen können. So bringt die Bibel beispielsweise zum Ausdruck, dass die Wirklichkeit nicht mechanisch ist, sondern grundlegend persönlich, beginnend mit einem Gott, der die Dreieinigkeit von drei Personen ist. Diese Tatsache, wenn sie wahr ist, kann nicht durch Wissenschaft oder Vernunft festgestellt werden. Sie kann nicht durch die Beobachtung der physischen Welt oder durch Experimente im Labor entdeckt werden. Es ist Erkenntnis aus Offenbarung. Natürlich soll eine derartige Information nicht der Wissenschaft oder der Vernunft widersprechen; sie sollte das ergänzen, was wir durch die Wissenschaft und die Vernunft erkennen. Aber diese Information kann nicht wissenschaftlich erlangt werden.

Offenbarung bedeutet Information, welche aus der übernatürlichen in die natürliche Welt gelangt. Betrachten wir zur Verdeutlichung die Information an sich. Weithin geht man davon aus, vor allem im Bereich der Biologie, dass Information (z.B. der genetische Code) die Funktionen der lebenden Materie steuert. Obwohl also Information offensichtlich existiert und die Materie lenkt, gibt es keinen Nachweis dafür, dass die Materie Information *hervorbringt*. Um diesen Sachverhalt zu verstehen, ist die vernünftigste Hypothese oder Annahme diejenige, dass Information übernatürlich ist. Die „religiösere" Hypothese hingegen wäre, anzunehmen, dass Materie trotzdem Information produziert, und wir glauben daran, dass der Prozess, wie das geschieht, irgendwann einmal entdeckt werden wird. Diese „Religion" nennt man Wissenschaftsgläubigkeit (engl. „scientism") und meint damit den Glauben, dass die Wissenschaft alle Wahrheit entdecken kann (gestützt auf die nicht bewiesene Voraussetzung, dass Materie die gesamte Wirklichkeit umfasst). Aber diese Art von Glauben erscheint mir ziemlich übersteigert. Die Wissenschaft ist ein wunderbares Geschenk, aber es ist keine gute Idee, sie uneingeschränkt zu verehren.

DIE ZWEITE ECKE

In der zweiten Ecke steht der Buchstabe **R** für **Rationalität** (Vernunft). Wie bereits erwähnt bedeutet Rationalität, dass man die Wirklichkeit in Verhältnissen oder Beziehungen sieht. Verhältnisse oder Beziehungen zu verstehen bezieht Logik mit ein; solche Erkenntnisse kann man meistens mathematisch ausdrücken.

Durch die Vernunft können wir Dinge über die Wirklichkeit erkennen, die wir aus der Bibel oder anderen Offenbarungen nicht erschließen können. So hat sich z.B. auf Grundlage der Vernunft die Zahnmedizin entwickelt. In der Bibel wird Zahnheilkunde nicht erwähnt. Wenn nun jemand all sein Wissen ausschließlich aus der Bibel (oder allgemein aus der Offenbarungsecke) ableiten möchte, wird er womöglich nie zum Zahnarzt gehen, weil Zahnheilkunde außerbiblisches Wissen ist. Dennoch sind die Kenntnisse der Zahnmedizin ein Weg, um dem biblischen Gebot, über die Schöpfung zu herrschen, nachzukommen. Wir sollten uns nicht einfach „mit dem Fluss" des Zahnverfalls treiben lassen, sondern diesen stoppen! In diesem Sinne steht die Zahnheilkunde nicht im Widerspruch zur biblischen Lehre, sondern ergänzt (oder vervollständigt) sie. Sie lässt uns die Welt umfassender verstehen.

Rationalität ermöglicht dem Menschen die Herrschaft über den Rest der Schöpfung. „Zivilisation" bedeutet die Beeinflussung der Natur gemäß den rationalen Vorstellungen der Menschen. Zum Beispiel wächst Weizen natürlicherweise entlang von Flussufern, und zwar zusammen mit vielen anderen Pflanzen. Die menschliche Zivilisation erfordert nun, dass Menschen zum Weizen sagen: „Jetzt wächst du hier auf diesem Feld, und keine andere Pflanze soll hier wachsen!" So würde sich Weizen natürlicherweise nicht verhalten, sondern es geschieht, weil eine übernatürliche Quelle rationaler, erfinderischer und schöpferischer Kraft dem Weizen ihren Willen aufdrängt. Wenn die Menschen die Natur nicht auf diese rationale und kreative Weise beeinflussen würden, dann wäre unsere Gesellschaftsform niemals möglich. Wir müssten wieder als Jäger und Sammler leben. Gleichzeitig muss diese Beherrschung der Natur mit einer sorgfältigen Bewirtschaftung und Bewahrung einhergehen, sonst bleibt keine Natur mehr übrig, mit der man arbeiten kann.

Wenn die Beziehung zwischen Rationalität und Offenbarung eine sich gegenseitig ergänzende ist, dann bedeutet das auch, dass beide Ecken wesentlich sind, aber keine von beiden ausreichend. Sie stehen auch miteinander in Beziehung. Wenn Gott die Welt geschaffen hat, dann können wir, wenn wir die Schöpfung genau betrachten, vieles über den Schöpfer herausfinden. Die Schöpfung ist schön, geordnet, beständig und verlässlich. Gott lädt uns ein, all dies zu beobachten, um Ihn dadurch besser zu verstehen. Je mehr wir entdecken durch Archäologie, Molekularbiologie, Quantenphysik und andere Wissensbereiche, die sich auf die Vernunft abstützen, desto mehr wissen wir über Gott und sein Werk.

DIE DRITTE ECKE

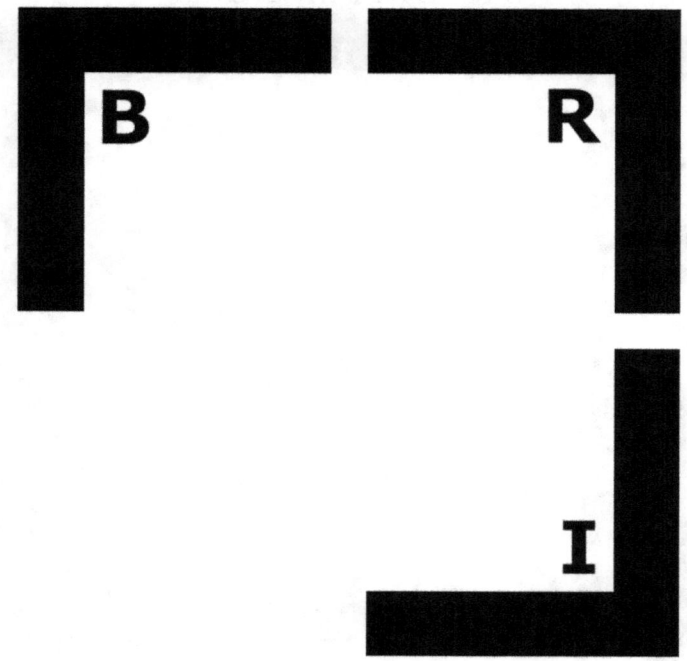

Die untere rechte Ecke **I** steht für **Institution** bzw. Tradition. Sie ist die dritte maßgebende Quelle, aus der wir Erkenntnis gewinnen können.

Institution bezeichnet eine bestimmten stabilen Mustern folgende Form menschlichen Zusammenlebens über die Zeit. Das beinhaltet Einrichtungen wie Ehe, Familie, Freundschaft, Gemeinde, Volk, Kirche und andere Formen, in denen Menschen in Beziehung zueinander stehen. Alle Institutionen entwickeln Traditionen, die uns dabei helfen, unser Wissen zu bilden und zu bewahren, sodass nicht jede Generation das Rad neu erfinden muss. Manche Traditionen sind kurzlebig, andere währen länger.

Durch Institutionen lernen wir Dinge, die wir nicht durch Vernunft oder Offenbarung erkennen können. Solches Wissen kann auch nicht mathematisch ausgedrückt werden. Institutionen bewirken Erkenntnis durch zwischenmenschliche Beziehungen.

Die Offenbarung der Bibel sagt uns (z.B. im 1. Johannesbrief 4,19-21), dass wir Gott und seine Liebe nur dadurch kennen können, dass wir einander lieben. Wir können einander aber nur in Institutionen (d.h. in Formen des Zusammenlebens) lieben. Wir können diese Liebe nicht erfahren, indem wir eine religiöse Zeremonie durchführen. Wir können sie auch nicht nur spüren. Liebe ist kein Gefühl. Liebe ist eine Reihe von verantwortungsvollen Entscheidungen, die den anderen so fördern und ermutigen, dass er zu der Person werden kann, welche Gott vorgesehen hat. Das Ziel der Liebe ist, uns vollständig echt zu machen.

Wie du sehen kannst, ist Liebe nicht selbstzentriert. Das Zentrum der Liebe, ihr Fokus, ist die andere Person. Somit ist das Ziel der Liebe nicht, dass ich meine eigene Befriedigung, mein Verlangen oder mein Vergnügen ausdrücken kann. Das Ziel der Liebe ist nicht meine eigene Befriedigung, nicht einmal die Befriedigung des anderen. Das Ziel der Liebe ist, Menschen in der Wahrheit zu gründen. Aus diesem Grund erfahren wir Liebe manchmal als schwierig oder schmerzhaft.

Viele Leute haben den Eindruck, dass sie die Liebe Gottes dann erfahren, wenn sie von anderen Menschen geliebt werden. Das ist aber nur die halbe Wahrheit. Das ist die Liebe, die wir bekommen oder empfangen. Die andere Hälfte der Wahrheit ist, dass wir die Liebe Gottes erfahren, indem wir andere Menschen aufopferungsvoll lieben. Dies ist Liebe, die wir geben. Das Empfangen und das Geben sollten sich also ergänzen und nicht miteinander in Konkurrenz stehen.

Wir können die Liebe nicht dadurch erkennen, dass wir ausschließlich die Bibel lesen. Wir können Liebe auch nicht durch die Vernunft erkennen. Wir müssen diese Liebe in Beziehungen ausleben, in Institutionen. Im Alten Testament bedeutet das hebräische Wort für „erkennen" Geschlechtsverkehr. Mit rationaler Distanziertheit hat das wenig zu tun, sondern es ist eine verbindliche, engagierte und hingegebene Art der Erkenntnis.

Wir sollten nicht denken, dass wir uns in eine Höhle zurückziehen können mit unserer Bibel und auf diese Weise Gott erkennen können, so wie wir es nötig haben. Gemäß der biblischen Weltanschauung funktioniert das so nicht. Die Bibel sagt uns, dass wir in Beziehungen leben müssen, in Familien, Kirchen, Kulturen und Nationen. Gott zu kennen beinhaltet, dass wir andere innerhalb dieser Institutionen lieben.

Natürlich kann man die Institution bzw. Tradition als Erkenntnisquelle überbetonen oder fehlinterpretieren. Manchmal sagen Leute: „Wir wissen, dass das wahr ist, weil wir es schon immer so gemacht haben". Oder sie sagen: „Es ist wahr, weil wir schon immer daran geglaubt haben." Oder ein älteres Kirchenmitglied meint, da es sich an modernen Bibelübersetzungen stört: „Wenn die King James Übersetzung gut genug für den Apostel Paulus war, dann ist sie auch gut genug für mich". Diese Art zu denken entfernt die I-Ecke aus dem für sie notwendigen Zusammenhang der anderen Ecken.

Unser Verständnis vom christlichen Glauben wurde durch mehrere frühkirchliche Konzile und durch historische Entwicklungen innerhalb der Kirche vertieft. Diese Institutionen versorgten uns mit einer zunehmenden Bestimmung und Verfeinerung der Wahrheit, welche in der Bibel ausgedrückt wird. Ein Beispiel für eine derartige Verfeinerung ist das Bekenntnis von Nicäa, das wie folgt beginnt: „Wir glauben an den einen Gott, den Vater, den Allmächtigen, den Schöpfer alles Sichtbaren und Unsichtbaren. Und an den einen Herrn Jesus Christus, den Sohn Gottes, der als Einziggeborener aus dem Vater gezeugt ist, ..."

Das Bekenntnis von Nicäa enthält nichts, was man nicht auch in der Bibel finden würde. Das Glaubensbekenntnis wurde von einer Gruppe von Leuten entwickelt, die zusammenkamen und einen Weg suchten, wie man die grundlegenden Ideen der Bibel zum Ausdruck bringen kann. Das Glaubensbekenntnis ist ein Ergebnis dieses Treffens, der Gebete, Gespräche und des Bibelstudiums dieser Menschen von damals. Das Glaubensbekenntnis fügt unserem Verständnis von Gott und dem christlichen Glauben eine Beschreibung und Verfeinerung hinzu. Es richtet den Blick der Gläubigen auf zentrale Aspekte der Wahrheit und verhindert so, dass Irrlehren in das Gottesverständnis der Menschen eindringen. Das Glaubensbekenntnis ändert dabei die Aussagen der Bibel nicht – es erfindet das Rad nicht neu, es erfindet die Wahrheit nicht neu – aber es widerspiegelt die Wahrheit und fasst sie zusammen.

Das Bekenntnis von Nicäa ist ein Beispiel für Erkenntnis, die wir durch Gemeinschaft bzw. Institutionen empfangen haben. Wir erlangen Wissen über Gott durch unser Leben in der historischen Institution Kirche. Wir erkennen durch die sich schenkenden, sich gegenseitig unterordnenden und sich gegenseitig unterstützenden Beziehungen in der Gemeinschaft des Volkes Gottes.

Viele von uns haben in Gemeinden gelitten unter schlechten Leitern, Vorurteilen, Scheinheiligkeit, Missbrauch, Ablehnung, Manipulation oder Zwang. Das könnte uns dazu verleiten, die Kirche abschaffen zu wollen. Dadurch würde man aber sprichwörtlich das Kind mit dem Bade ausschütten. Die Institution muss ein Teil der Mischung sein, wie wir in der Wirklichkeit leben und wie wir die Wirklichkeit erkennen.

Es gibt noch eine tiefere Art, die Bedeutung von Beziehungen für die Epistemologie zu erkennen: Das Verständnis, dass Fakten nicht gleichbedeutend mit Wahrheit sind. Wahrheit ist Fakten plus *Bedeutung*! Was aber bedeutet *Bedeutung*? Bedeutung bedeutet Beziehung, was wiederum bedeutet, dass nichts aus sich selbst heraus Bedeutung hat. So liegt zum Beispiel die Bedeutung der Farbe Rot nicht im Rot selbst, sondern im Zusammenspiel von Rot mit Grün und Blau und den anderen Farben. Die Bedeutung von Adam im Schöpfungsbericht der Bibel lag nicht in ihm selbst, sondern in seinen Beziehungen mit Gott und mit Eva. Die Bedeutung von Jesus liegt nicht in

Jesus selbst, sondern in seiner Beziehung mit dem Vater und dem Heiligen Geist. Die Bedeutung von dir liegt nicht in dir selbst, sondern in deinen Beziehungen mit anderen. Jedes wahre Wissen ist in verschiedener Hinsicht beziehungsmäßig.

DIE VIERTE ECKE

Die vierte Ecke **E** steht für **Erfahrung**. Unsere persönliche Erfahrung ist wesentlich, um die Wirklichkeit zu verstehen. Wir müssen Ehrfurcht, Angst, Trauer, Hoffnung, Trost und Dankbarkeit erfahren, weil die anderen Ecken sie uns nicht vermitteln können. Persönliche Erfahrungen sind subjektiv, das heißt, sie hängen von unserem eigenen Standpunkt oder Blickwinkel ab, welcher einmalig ist. Aber die Tatsache, dass unsere Erfahrungen subjektiv sind, bedeutet nicht, dass sie nicht wahr wären! Es gibt objektive und subjektive Seiten der Wahrheit, und beide sind wesentlich. Tatsächlich gibt es keine rein objektive Wahrheit und auch keine rein subjektive Wahrheit. Jede echte Wahrheit ist immer beides, sowohl objektiv als auch subjektiv. Die wahre und lebendige Beziehung zwischen der Objektivität und der Subjektivität von Wahrheit sollte ergänzend sein und nicht im Widerstreit stehen.

Wenn vier Leute aus unterschiedlichen Blickwinkeln Zeuge eines Autounfalls werden, dann wird das, was sie sehen oder subjektiv erfahren, unterschiedlich sein. Diese Erfahrungen des Unfalls sollten nicht gegeneinander konkurrieren, sondern sich gegenseitig ergänzen, um vollständigere Kenntnis über den Hergang zu ermöglichen. Es gibt Kritiker der vier Evangelien, die möchten uns glauben machen, dass wenn es keine objektive Erfahrung des Unfalls gibt sondern nur mehrere subjektive, der Unfall gar nie passiert ist. Aber den Unfall hat es gegeben und auch Jesus hat es objektiv gegeben! Und es gibt von beidem subjektive Erfahrungen.

Persönliche Erfahrung ist eine maßgebende Erkenntnisquelle für die Wirklichkeit. Wir alle haben individuelle, subjektive und unvermittelbare Erfahrungen über die Natur, die Menschlichkeit, die Liebe, Heilung, Erkenntnis, Führung, Phantasie, Einfühlungsvermögen und die Wirklichkeit als Ganzes. Alle diese Erfahrungen beeinflussen und formen unsere Epistemologie. Durch diese persönlichen Erfahrungen begreifen wir Dinge, die wir nicht durch Bibellesen lernen können. Wir erkennen diese Dinge auch nicht durch Nachdenken und Argumentieren. Wir erkennen sie auch nicht durch Institutionen.

Christen wissen, dass Gott sie liebt, weil Er sie tröstet. Er begeistert sie. Er gibt ihnen Freude und erfüllt ihre Herzen mit Erstaunen und mit dem Heiligen Geist. Gott ist ein persönlicher und beziehungsmäßiger Gott, deshalb kann die Gotteserkenntnis einer Person nicht aus der Distanz erfolgen. Sie muss sehr innig sein. Sie wird für jede Person einzigartig sein. Es ist wie eine Ehe: Ich könnte die tiefen Erfahrungen meiner Ehe nicht mit dir teilen, ebenso wenig wie du die Erfahrungen deiner Ehe mit mir teilen könntest. Und dennoch ist diese Erfahrung ganz wesentlich für uns, um die Ehe wirklich zu kennen.

Dennoch darf Erfahrung, obwohl sie notwendig ist, nicht von den anderen Ecken abgetrennt werden. Wenn ich mich nur auf meine Erfahrung verlasse, um die Wirklichkeit zu erkennen, dann lebe ich in einer „Erfahrungsblase". In diesem Fall müsste ich sagen: „Gott *ist* meine Erfahrung." Wenn aber Gott nicht mehr ist als meine Erfahrung, dann bete ich mich selbst an, was vollkommen selbstbezogen ist. Das wäre nicht das Christentum. Das wäre Humanismus oder eine Verabsolutierung des „Selbst" - es zwingt mich, mein eigener Gott zu sein.

GETTING SQUARE („VIERECKIG WERDEN")

Jede der vier Ecken stellt eine andere Autorität für unsere Erkenntnis der Wirklichkeit dar. Jede Ecke ist *einzigartig* in dem Sinne, dass sie uns etwas mitteilt, was die anderen Ecken nicht können. Jede Ecke ist *notwendig* in dem Sinne, dass wir Gott und die gesamte Wirklichkeit nicht verstehen können, wenn wir eine der Ecken aus unserer Epistemologie auslassen.

Wir brauchen alle vier Ecken. Wir können die Wirklichkeit nicht wahrhaft erkennen, wenn wir nur unseren Verstand gebrauchen. Wir können die Wirklichkeit nicht wahrhaft erkennen, wenn wir nur die Autorität von Institutionen anerkennen. Wir können die Wirklichkeit nicht wahrhaft erkennen, wenn wir den ganzen Tag in einem Raum sitzen und ein heiliges Buch lesen. Wenn wir nur nach persönlicher Erfahrung streben, Engel sehen und Prophezeiungen aussprechen, aber nicht die anderen Ecken berücksichtigen, um unser Verständnis von der Wirklichkeit zu vervollständigen, dann ist unsere persönliche Erfahrung nicht ausreichend – und vielleicht sogar gefährlich.

Tatsächlich kann jede der vier Ecken gefährlich sein, wenn sie von den anderen abgetrennt wird. Das bedeutet aber nicht, dass wir ohne sie leben können. Unser Verstand ist nicht zuverlässig, wenn wir uns nur auf ihn konzentrieren, weil er uns von unseren Emotionen, Intuitionen und unserer Vorstellungskraft abtrennen kann. Auch die Institutionen sind nicht zuverlässig. Die Kirche zum Beispiel kann manipulativ werden oder sich zu stark mit dem Staat verbinden. Die Bibel ist auch nicht zuverlässig, wenn sie von den anderen Ecken abgetrennt wird. Denn um die Wirklichkeit umfassend verstehen zu können, brauchen wir sowohl unseren Verstand, unsere Erfahrungen, als auch die Institutionen und Traditionen der Gemeinschaft, damit wir unser Verständnis der Schrift in den richtigen Zusammenhang stellen können.

Manchmal fragen Leute: „Welche der Ecken ist die Wichtigste? Welche steht über den anderen?" Die vier Ecken stellen jedoch keine Hierarchie dar. Keine steht höher als die anderen. Sie sind komplementär, das heißt, sie sind alle für das Wirklichkeitsverständnis notwendig. Keine der Ecken dominiert die anderen. Ihre Arbeitsweisen sind unterschiedlich und sie sind untereinander nicht austauschbar. Sie sind alle wesentlich, unterschiedlich und einzigartig. Keine ist unselbständig und keine ist die Erste. Sie sind alle grundlegend und eigenständig.

Käse oder Bier: Was ist dir lieber?

Manche Leute nennen den Vortrag, der die Grundlage für dieses Buch ist, den Käse-Vortrag („Cheese Lecture" auf Englisch). Wenn man nämlich in der „B"-Ecke des Quadrats beginnt und im Uhrzeigersinn weitergeht, dann kann man den ersten Buchstaben jeder Ecke zu „Brie" zusammensetzen, einem französischen Käse. In anderer Reihenfolge kann man auch das Wort „Bier" daraus bilden. Käse oder Bier – offensichtlich ein nahrhaftes und einladendes Thema!

Als ich einmal diesen Vortrag in der Schweiz hielt, warf ein evangelikaler Bibellehrer ein: „Sie müssen Ihr Diagramm neu malen und die Bibel an der Spitze darstellen, so dass sie von oben alles darunter Stehende durchdringen kann, oder man müsste die Bibel zuunterst hinsetzen, damit sie die Grundlage für alles ist." Auf einer persönlichen Ebene als Pastor war ich geneigt, ihm zuzustimmen. Aber in diesem Fall vertraue ich meiner natürlichen Neigung nicht. Eigentlich vertraue ich vielen meiner natürlichen Neigungen nicht. Wenn ich ein Sünder bin, wenn ich zerbrochen und verwirrt bin, wenn ich entstellt bin, dann sollte ich *erwarten*, dass meine Wahrnehmung den Brennpunkt nicht klar sieht. Dies mag vielleicht nicht ermutigend sein, aber es ist wahr. Ich sollte damit rechnen, dass mein natürliches Verlangen, meine natürlichen Neigungen und Vorurteile verzerrt und unausgewogen sind. Deshalb muss ich mich bewusst dazu entscheiden, diese natürlichen Vorlieben mit einem Schritt Abstand zu betrachten, um eine umfassendere Perspektive zu gewinnen als nur meine eigene. Erst dann kann ich anfangen zu erkennen, dass alle vier Ecken für eine wahre und hinreichende Epistemologie wesentlich sind.

Jeder hat eine Lieblingsecke. Natürlicherweise denken wir, dass unsere stärkste Ecke auch die wahrste Ecke ist, und dass diese Ecke maßgeblich sein sollte für die anderen Ecken. Wenn wir uns aber zu stark auf eine Ecke stützen, kann das zu Extremismus oder Fanatismus führen. Unsere Epistemologie würde verzerrt und unvollständig.

Wenn man eine Ecke gegenüber den anderen bevorzugt, dann können daraus Spannungen, Missverständnisse und Verwirrung entstehen. Woher kommen denn diese Vorlieben? Manchmal werden sie durch unsere Persönlichkeit und unsere Erziehung geprägt. Manchmal „atmen" wir sie ein aus der kulturellen Atmosphäre, in der wir leben. Manchmal entstehen diese Vorlieben auch durch unsere Unwissenheit und unsere blinden Flecken. Vielleicht vermeiden oder fürchten wir eine Ecke, oder wir spielen sie herunter, weil wir nichts über sie wissen oder weil wir eine schlechte Erfahrung in dieser Ecke gemacht haben. Vielleicht sind wir in dieser Ecke schon einmal manipuliert worden oder haben eine Niederlage oder Enttäuschung erlebt – oder vielleicht haben unsere Eltern negative Dinge über diese Ecke gesagt.

Manchmal schätzen Wissenschaftler die Bibel gering, weil sie die Vernunft sehr stark betonen. Christen schätzen manchmal die Vernunft gering, weil sie den Glauben sehr stark betonen. Es ist nur natürlich, dass wir das stärken wollen, was bereits stark ist. Allerdings sollten wir diesen natürlichen Tendenzen mit Vorsicht begegnen.

Der Apostel Paulus hatte keine Angst vor seinen Schwächen. Bevor er Christ wurde, war er ein Mitglied der Pharisäer und hatte ein ausgeprägt gesetzliches Verständnis von der Wahrheit. Nachdem er Christ geworden war, schwächten unterschiedliche körperliche, soziale und emotionale Erfahrungen diese Gesetzlichkeit. Daraus entwickelte sich bei ihm eine stärkere und ganzheitlichere Epistemologie. In seinem zweiten Brief an die Korinther schreibt Paulus: „Denn wenn ich schwach bin, so bin ich stark" (2. Korinther 12,10; Luther 84). Als Paulus in einer Ecke stark war, war er auf natürliche Art stark. Wenn seine natürliche Vorliebe für diese Ecke „schwächer" wurde, wurde seine Epistemologie vollständiger und auf geistliche Art stärker – das bedeutet wahrhaftiger und mehr die Gesamtheit der Wirklichkeit umfassend.

Man kann sich das wie eine Art „Judo"-Epistemologie vorstellen. „Judo" ist der „sanfte Weg", der nachgibt und zurückweicht und die gegnerische Kraft verwendet, um die Wirklichkeit zu gestalten. Wenn wir auf eine Vorrangstellung unserer Lieblingsecke bestehen und in ihr stark sind, dann wird dadurch unser Verständnis von Wahrheit schwach sein. Wenn wir aber nachgeben und die überraschende Stärke und Gültigkeit unserer Nicht-Lieblings-Ecken betrachten, wird dadurch unser Wahrheitsverständnis gestärkt werden.

Wenn wir das Starke stärken, wird unser Verständnis von der Wirklichkeit eigentlich schwächer. Wenn wir das Schwache stärken, werden wir vollständiger, reicher und stärker in unserer Epistemologie. Diesen Rat zu akzeptieren ist schwer, denn es erfordert Demut, Vertrauen und Glauben – weil wir im Leben den Wert der schwachen Dinge nicht erkennen. Wir wandeln im Schauen im Bereich der Stärke, aber wir sollten auch im Glauben wandeln im Bereich unserer Schwäche. Ich finde es außerordentlich schwer, diesen Rat anzunehmen und bewusst das zu stärken, was schwach ist. Wenn wir uns unserer Schwachheit stellen, fühlen wir uns verletzlich, und dennoch ist es diese Verletzlichkeit durch die wir an Einsicht und Stärke wachsen können.

Vorlieben in religiösen Richtungen

Die Neigung, sich auf eine bestimmte Ecke zu fokussieren, ist nicht nur ein Problem des Individuums, sondern kann ganze religiöse Richtungen betreffen. In evangelikalen Ausprägungen des Christentums kann die Ecke der Bibel auf Kosten der anderen Ecken überbetont werden. Die Bibel wird dann zum Zentrum von allem und verdrängt die Bedeutung von Beziehungen, Erfahrungen und der Vernunft. Eine ähnliche Überbetonung von einer Schrift findet man auch in manchen Ausprägungen des Judentums (Tora), des Islam (Koran) und bei den Mormonen (Buch Mormon). Überall dort würde man Gott und die Wirklichkeit vollständig auf Grundlage einer bestimmten Offenbarungsschrift interpretieren. Ich habe bereits erwähnt, dass ich selbst als evangelikaler Christ natürlicherweise dazu neige, die B-Ecke zu betonen. Allerdings muss ich damit aufpassen und darf nicht davon ausgehen, dass meine natürlichen Vorlieben der grundlegenden Wahrheit über das menschliche Leben entsprechen.

In anderen Weltanschauungen neigen die Menschen zur Ecke der Vernunft auf Kosten der anderen drei Ecken. Beispiele für solche Weltanschauungen sind der atheistische Humanismus und der Kommunismus. Diese beiden Ansätze tendieren dazu, die Bedeutung menschlicher Erfahrungen zu ignorieren oder herabzumindern. Stattdessen wird häufig versucht, die Wahrheit auf mathematische oder wissenschaftliche Weise zu verstehen. Deshalb bezeichnete man in den frühen kommunistischen Regimes Schriftsteller oder Lehrer auch als „Ingenieure der menschlichen Seele".

Liberale Richtungen des Christentums neigen auch zu der Vernunft-Ecke. Es gibt hyper-intellektuelle liberale Kirchen, in denen der Inhalt der Bibel durch ein intellektuelles Sieb gepresst wird, damit er in die R-Ecke hineinpasst. Viele dieser Kirchen werden versuchen, alle übernatürlichen Elemente oder Glaubensinhalte aus der Bibel zu entfernen und sie durch naturalistische Erklärungen zu ersetzen.

Eine ausgeprägte und ausschließliche Stärke in der Vernunft-Ecke kann tatsächlich zu einer epistemologischen Schwäche und Unvollständigkeit führen. Vor ein paar Jahren war ich in Cluj-Napoca/Kolozsvár, der Hauptstadt Siebenbürgens (Rumänien). Ein christliches Café namens „Quo Vadis" veranstaltete dort eine Reihe von offenen Diskussionsabenden, und ich war eingeladen worden, einen dieser Abende zu leiten. In einem frühen post-postmodernen Stil eingerichtet war das „Quo Vadis" einer der interessantesten Orte der Stadt. Ungefähr ein Dutzend Besucher kamen an diesem Abend und saßen um einen großen Glastisch aus dem Jugendstil. Die Hälfte von ihnen waren Christen, die andere Hälfte nicht. Unter ihnen befanden sich Lehrer, Krankenschwestern, Psychologen, Architekten, Historiker und ein Neurochirurg.

Die Christen waren Gastgeber und begannen die Konversation, indem sie über das Wesen des Glaubens redeten, darüber, was man vom Beten erwarten kann und über Erfahrungen des Übernatürlichen. Nach ungefähr einer halben Stunde konnte ein Mann sich nicht mehr halten, und in ausgezeichnetem Englisch brach es aus ihm hervor: „Oh ihr Christen mit euren Erfahrungen! Ich bin Neurochirurg und kann alle eure Visionen, Gefühle und sogenannten übernatürlichen Wahrnehmungen auf chirurgischem, elektronischem und chemischem Weg erzeugen. Es gibt nichts „Übernatürliches" oder „Gott". In Wirklichkeit gibt es nur Materie und Energie". Er führte noch eine ganze Reihe von Beispielen und Erläuterungen auf. Während ich zuhörte, betete ich und bat um Weisheit, wie ich diesem Mann antworten könne. Als er endlich fertig war, überraschte ich mich selbst, indem ich sagte: „Sie reden wie ein Mann, der noch nie verliebt war." Er erstarrte und lief rot an. Ich fragte: „*Sind* Sie verliebt?" Er antwortete: „Ja, das bin ich." Ich fragte weiter: „Können Sie Ihre Beziehung mit dieser Frau auch in Ihrem Labor und chirurgisch reproduzieren – und weiß diese das?"

Es gab eine lange Pause, bis er schließlich antwortete: „Sie haben mich erwischt." In dem Moment erlebte er einen epistemologischen Paradigmenwechsel. Er sah das Licht. Er konnte erkennen, dass er seine eigenen Erfahrungen im Leben nicht auf Materie und Energie reduzieren konnte, dies aber bei den Erfahrungen anderer Menschen tun wollte. Er war erfrischend ehrlich und offen und deshalb vermutlich auch ein herausragender Wissenschaftler. Er hatte aber der Rationalitäts-Ecke dermaßen viel Gewicht gegeben, dass dadurch seine Epistemologie schief und verzerrt geworden war. Durch seine ausschließliche Investition in die R-Ecke waren die anderen drei Ecken entwertet worden. Doch nun schien ihm die Erweiterung seiner epistemologischen Grundlage zu gefallen.

Andere Glaubenssysteme konzentrieren sich auf die Institutions-Ecke. In ihnen wird die Tradition überbetont und häufig sind sie auch nationalistisch. Das trifft zum Beispiel auf bestimmte Richtungen des Shintoismus oder des Judentums zu. Im Christentum sind es orthodoxe und katholische Kirchen, die zur I- bzw. Institutions-/Traditions-Ecke neigen. Protestanten würden eher sagen, dass die Bibel die Kirche beschreibt, und man bei der Bibel beginnen müsse, um zu wissen, wie die Kirche sein sollte. Ihre epistemologische Hierarchie wäre wie folgt aufgebaut:

Gott

Bibel

Kirche

Für orthodoxe Gläubige jedoch hat die Kirche die Bibel geschrieben. Deshalb sähe ihre epistemologische Hierarchie folgendermaßen aus:

Gott

Kirche

Bibel

Das bedeutet, dass die Bibel aus den heiligen Traditionen der Heiligen Mutter Kirche heraus verstanden werden muss.

Katholiken neigen zu einer Gleichbetonung von Bibel und Institution. Sie haben gegenüber dem offenbarenden Handeln des Heiligen Geistes eine offenere Haltung, indem sie glauben, dass der Geist immer noch die Kirche inspiriert. Katholiken hätten eine epistemologische Hierarchie, die ungefähr so aussehen würde:

Gott

Bibel & Kirche

Einmal hielt ich einen Vortrag an der Polnischen Marineakademie in Gdansk/Danzig vor lauter katholischen Offiziersanwärtern. Als ich ihnen die vier Ecken als gleichwertig und notwendig präsentierte, protestierten sie lauthals, denn aus ihrer Sicht hatte ich die Heilige Mutter Kirche beleidigt, weil ich die Institution nicht als Grundlage für die anderen drei Ecken darstellte. Ich konnte ihre Enttäuschung gut verstehen, denn ich stimme mit ihnen darin überein, dass Institution wesentlich ist. Sie darf nicht missachtet oder in den Hintergrund geschoben werden. Aber auch die anderen Ecken sind wesentlich. Wenn wir sagen, dass eine Ecke von einer der anderen abhängt oder eine untergeordnete Stellung hat, dann werden wir darüber Kriege führen, welche der Ecken die Grundlegende ist – und wir *haben* bereits über diese Frage Kriege geführt. Aber wenn wir anerkennen, dass alle Ecken wesentlich sind und dass sie miteinander in einer sich gegenseitig ergänzenden Beziehung stehen anstatt in einem Konkurrenzverhältnis, dann können wir Stabilität, Frieden und Vollständigkeit finden.

Die persönliche Erfahrung der Wirklichkeit ist ein wesentlicher Teil einer vollständigen und gesunden Epistemologie. Allerdings gibt es religiöse Richtungen, die sich übermäßig auf die Erfahrungsecke konzentrieren. Hierzu gehören bestimmte Ausprägungen im Hinduismus und Buddhismus, sowie in

New-Age-Religionen. Manche Formen des pfingstlichen oder charismatischen Christentums neigen ebenfalls in diese Richtung. Mitglieder jener Kirchen verstehen die Bibel nicht im Hinblick darauf, was der Text sagt, sondern so, wie sie persönlich erleben, was er sagt. Dies entspricht in gewisser Weise auch der postmodernen Interpretation von Texten, gemäß der die Bedeutung eines Textes in der Reaktion des Lesers auf diesen Text liegt.

Nochmals: Es ist üblich, dass Menschen dazu neigen, das zu betonen, was ihnen natürlicherweise liegt. Ein Mensch mit einem scharfen Verstand begibt sich in die Ecke der Rationalität und vernachlässigt womöglich die Erfahrungsecke oder misstraut ihr. Einen Menschen mit ausgeprägter Lebenserfahrung zieht es hingegen eher in diese Erfahrungsecke und er mag durch seine Erfahrungen auch gesegnet werden. Möglicherweise begibt er sich immer mehr in diese Ecke, bis der Punkt erreicht ist, an dem er die Ecke der Vernunft vernachlässigt oder ihr misstraut. Und schon haben wir das entgegengesetzte Problem. Es ist nicht das größere Problem, es ist nur das entgegengesetzte Problem. Dieses Problem kann und wird immer wieder auftauchen im Bezug darauf, wie Menschen mit jeder der vier Ecken umgehen.

Deine „epistemologische Temperatur"

Denke einmal allein für dich oder zusammen mit anderen Leuten über die folgenden Fragen bezüglich der vier Ecken nach:

- Welche ist deine „Lieblingsecke" für das Erkennen von Wahrheit?

- Spielt deine Persönlichkeit bei dieser Vorliebe eine Rolle? Bist du z.B. eher emotional oder fühlst du dich mit deinen inneren Erfahrungen verbunden? Oder bist du eher ein vernunftbetonter, analytischer Typ?

- Welcher Aspekt der Wahrheit wurde während deiner Kindheit belohnt und ermutigt?

- Welcher Aspekt wurde entmutigt oder bestraft?

- Welcher Aspekt wurde übersehen oder ignoriert?

- Welcher Aspekt wurde als gefährlich eingeschätzt?

- Welche Ecke(n) vermeidest du gegenwärtig oder lehnst sie ab?

- Welche Ecke(n) versuchst du mit Hilfe deiner Lieblingsecke zu kontrollieren?

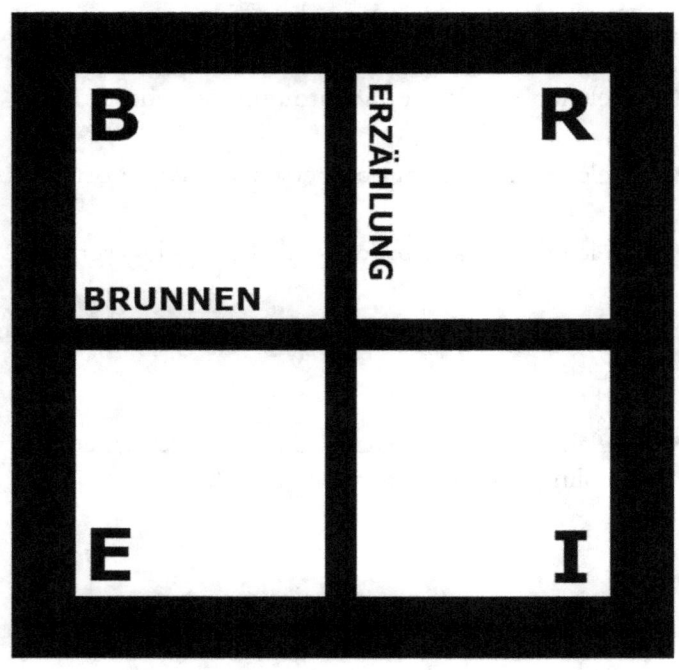

Die Denkansätze „Brunnen" und „Erzählung"

Du hast bestimmt die beiden Achsen bemerkt, die durch das Zentrum unseres epistemologischen Quadrats laufen – eine horizontale und eine vertikale Linie, welche das Quadrat aufteilen. Diese beiden Achsen helfen uns, ein weiteres Bild zu entwickeln, um Epistemologie zu verstehen.

Geben wir den beiden Achsen einen Namen: Die eine Achse nennen wir „Brunnen" (wie ein Brunnen für Wasser) und die andere Achse nennen wir „Erzählung". Die Brunnenachse bezieht sich auf eine Art und Weise, Offenbarungstexte wie z.B. die Bibel, den Koran oder die Tora zu verstehen. Mit diesem Ansatz ziehen wir das aus einem Text, was wir brauchen, ähnlich wie man Wasser aus einem Brunnen schöpft. Wir lassen unseren Eimer hinab und schöpfen Informationen, Weisungen, Trost, Inspiration, Korrektur, Zurechtweisung, Verheißungen, und was wir sonst noch alles brauchen. Wir erkennen die Wirklichkeit, indem wir aktiv mit dem Text umgehen und seine Auswirkungen auf uns und unsere Reaktionen auf ihn erfahren.

Im Kontrast dazu beschreibt der Denkansatz der „Erzählung" einen Erkenntnisweg, der den Bezug zum Gesamtrahmen der Wirklichkeit beinhaltet. Dieser Ansatz konzentriert sich auf große historische Entwicklungen der Zivilisation oder Kultur, oder auf die Geschichte von Gottes Handeln und seinen Absichten, wie sie in einem Text dargestellt werden. Der Denkansatz der „Erzählung" stellt uns und unsere Erfahrungen in einen größeren Kontext und erlaubt uns zu erkennen, wo wir uns befinden und was wir *bedeuten*. Dies ist vielleicht ein eher passiver Ansatz, bei dem wir die Wirklichkeit, die außerhalb unseres Selbst liegt, das sein lassen, was sie ist.

Was liegt im Zentrum und im Blickpunkt des „Brunnen"-Ansatzes? Das bin **ich**. Was ist im Zentrum und im Blickfeld des „Erzählungs"-Ansatzes? Es ist **Gott** oder die Wirklichkeit als Ganzes. Die Leute fragen sich oft, welcher dieser zwei Blickpunkte mehr Bedeutung hat. Sie fragen: „Welcher ist wichtiger?"

Merkst du, wie falsch diese Frage ist? Es ist, wie wenn dich jemand fragen würde, welche Seite einer Münze du gerne hättest. Du brauchst beide Seiten. Eine echte Münze von Wert hat zwei Seiten.

Wenn die Bibel wahr ist, dann hat Gott uns als bedeutende Menschen mit subjektiven Ansichten geschaffen. Das bedeutet, dass wir, wenn wir die Bibel lesen, nicht nur auf Gott schauen und so tun sollten, als ob wir bedeutungslos wären oder gar nicht existierten. Wenn Gott uns geschaffen hat, dann dürfen wir uns nicht selbst herabsetzen. Unsere Bedürfnisse und unsere Ansichten sind von Bedeutung.

Wenn wir uns allerdings ausschließlich für den Brunnenansatz entscheiden und dabei den Erzählungsansatz nicht beachten, erheben wir die Erfahrung zu unserem einzigen Lehrer und entkoppeln uns somit von der Wirklichkeit, die außerhalb von uns Selbst liegt. Ohne den Kontext, den der Erzählungsansatz liefert und der von Gott handelt, sind wir entfremdet und abgeschnitten, weil wir damit aus dem Kontext der Gesamtwirklichkeit herausgerissen sind. Die Bibel ist die Geschichte von Gott. Es ist die Erzählung über Seinen Charakter und Sein Handeln in der Geschichte. Wenn wir die Bibel ohne diesen Zusammenhang lesen, stehen wir nicht in einer wahren Beziehung mit Gott, welcher größer ist als unsere subjektive Erfahrung. Ohne diesen Rahmen hat das, was wir lesen, keine Bedeutung. Tatsächlich hat dann nichts eine Bedeutung, denn Bedeutung *bedeutet* Beziehung. Wie ich vorher bereits gesagt habe, hängt jede Bedeutung von einer Beziehung zu etwas außerhalb von uns selbst ab. Nichts hat in sich selbst Bedeutung. Wenn ich mich isoliere und nur den Brunnenansatz beachte, wird meine Bedeutung immer mehr abnehmen.

Wir werden häufig mit Fragen konfrontiert, die uns dazu einladen oder auffordern, entweder den Brunnenansatz über den Erzählungsansatz zu stellen oder umgekehrt. Sich für das eine oder das andere zu entscheiden, kann zerstörerisch sein. Denn so wie eine Münze ihre beiden Seiten braucht, um eine „echte" Münze zu sein, brauchen wir beide Ansätze.

Wenn man Brunnen- und Erzählungsansatz in zwei Spalten darstellt, sieht das wie folgt aus.

BRUNNEN	**ERZÄHLUNG**

Nun wollen wir einige gegensätzliche Begriffs- und Ideenpaare anschauen und sie „Brunnen" bzw. „Erzählung" zuordnen.

Nachstehend sind einige Begriffspaare in der jeweils passenden Spalte aufgeführt. Sieh sie dir an. Was denkst du? Findest du, dass einer der Begriffe auf der falschen Seite steht? Warum? Manche der Begriffspaare mögen für dich einfacher zuzuordnen zu sein als andere. Vielleicht möchtest du diese Übung zusammen mit anderen Leuten durchführen und sehen, wie sie die Begriffe einordnen würden.

Brunnen	Erzählung
subjektiv	objektiv
Freiheit	Form
Ehefrau	Ehemann
Vielfalt	Einheit
Geheimnis	Definition
rechte Gehirnhälfte	linke Gehirnhälfte
Mikroskop	Teleskop
meinen Glauben bezeugen	den Glauben bezeugen
mein Zeugnis	das Zeugnis von Jesus
Welle	Teilchen
Yin	Yang
freier Wille	Vorherbestimmung
Jesus als Mensch	Christus als Gott
unpräzise Wahrheit	exakte Wahrheit
Gnade	Gerechtigkeit
erziehen	lehren
Kunst	Wissenschaft
apophatisch (unnennbar)	kataphatisch (nennbar)
deduktiv (ableitend)	induktiv (schlussfolgernd)
Gnade	Gesetz

Das erste Paar ist „subjektiv" und „objektiv". Die meisten Leute sehen, dass „subjektiv", also was sich auf mich oder den Betrachter bezieht, in die Brunnenspalte gehört. „Objektiv" bezieht sich auf den Teil der Wirklichkeit, der unabhängig von mir ist. Dies würde in die Erzählungsspalte eingeordnet. Wie schon bei der Komplementarität der vier Ecken können wir erkennen, dass die Beziehung zwischen objektiv und subjektiv keine Konkurrenz ausdrücken soll, sondern gegenseitige Ergänzung. Auch hier wäre deshalb die Aufforderung destruktiv, sich zwischen den beiden entscheiden zu müssen, da wir beide benötigen.

Nun betrachten wir die Begriffe „Freiheit" und „Form". Wir erkennen, dass „Form" in die Erzählungsspalte gehört, da sie den allgemeinen Rahmen der Realität einbezieht. Allgemeine Formen beinhalten zum Beispiel die Gesetze der Schwerkraft und der Thermodynamik. „Freiheit" hingegen gehört in die Brunnenspalte und steht für die unendliche Vielfalt an Entscheidungen und Handlungen, die durch die Struktur der Form ihre Bedeutung erlangen. Auch hier sind sowohl Freiheit als auch Form grundlegend; sie sollten nicht gegeneinander ausgespielt werden.

„Ehefrau" und „Ehemann" sind das nächste Paar. „Ehefrau" befindet sich eher auf der Brunnenseite. Die Ehefrau ist eine Quelle (oder ein Brunnen) des Lebens. Leben wird aus der Ehefrau geboren. Sie steht für Zuhause, Mutter, Trost, Nähe und bedingungslose Annahme. Der „Ehemann" gehört eher auf die Erzählungsseite, da er einen schützenden Rahmen für das Gedeihen des Brunnens bildet. Aber wer von beiden ist nun wichtiger in einer Ehe? Die offensichtliche Antwort ist, dass beide gleich wichtig sind. Aber es ist auch keine 50 zu 50-Beziehung. Ohne die Ehefrau hat man nicht 50% einer Ehe, denn eine Ehe ist 100% Ehefrau. Sie ist auch 100% Ehemann. Ehe ist eine 200%-Realität; das trifft auch auf unsere Beziehung mit Gott zu. (Ein Physiker hat mich einmal darauf hingewiesen, dass eigentlich die 100% der Ehefrau nicht zu den 100% des Ehemannes hinzugezählt werden, sondern mit 100% multipliziert. Das ergäbe eine 10'000%-Realität, was aus der Ehe eine wirklich reiche und komplexe Realität machen würde!)

Als nächstes Begriffspaar betrachten wir „Vielfalt" und „Einheit". Was denkst du? Welchen Begriff würdest du welcher Spalte zuordnen? Warum? Wie verhält es sich mit „Geheimnis" und „Definition"? Wohin gehören sie?

Welche Seite ist nun bei jedem Paar „wahrer"? Die Antwort lautet: Keine von beiden! Beide sind gleichermaßen wahr, und für die volle Wahrheit braucht man beide. Wir haben zum Beispiel festgestellt, dass sowohl die „Ehefrau" als auch der „Ehemann" für die volle Wahrheit einer Ehe notwendig sind. Die beiden sollten nicht miteinander konkurrieren, sondern sich gegenseitig ergänzen. Diese Ergänzung ist wiederum davon abhängig, dass sich die Ehefrau vom Ehemann unterscheidet und beide nicht identisch sind.

Betrachten wir ein anderes Begriffspaar genauer. Nehmen wir „mein Glaube" und „der Glaube". In vielen christlichen Gruppierungen erzählen die Leute hauptsächlich von „meinem Glauben" und man hört nicht viel über „den Glauben". Um dieses Paar wieder in ein ganzheitliches und ausgewogenes Gleichgewicht zu bringen, frage ich diese Menschen gerne: „Wer ist Jesus Christus bevor du geboren wurdest?". Diese Frage ist schwierig für Menschen, die sich auf den Brunnenzugang zur Wirklichkeit beschränken. Sie wissen zwar, was sie für Jesus empfinden und wie sie Jesus in ihrem eigenen Leben erfahren haben, aber sie haben unter Umständen wenig aus dem Erzählzugang gelernt und wissen nicht, wer Jesus unabhängig von ihrer Erfahrung ist. Es fällt ihnen leichter, über ihre einzigartigen Erfahrungen mit Jesus zu sprechen, als über die objektive Wirklichkeit Jesu. Obwohl man darüber wirklich sprechen kann. Es ist sogar eher möglich, jemandem etwas über „*den* Glauben" mitzuteilen als über „*meinen* Glauben". Wir alle kennen die Fakten über Jesus und teilen dieses Wissen; unsere persönlichen Erfahrungen mit Jesus sind viel privater und damit schwieriger zu kommunizieren.

Andererseits gibt es Menschen, die zwar sehr viel über Jesus wissen, aber sie haben keine wirkliche Erfahrung mit Ihm gemacht. Damit neigen sie zu stark zum Erzählungsansatz, was auch kein ausgewogenes Bild der Wirklichkeit ergibt.

Beachte, dass sich manche Aspekte der Wirklichkeit nicht in eine der beiden Spalten zuordnen lassen. „Gut" und „böse" sind nicht als Begriffspaar aufgeführt, weil sie gemäß der biblischen Weltanschauung keine sich gegenseitig ergänzenden Aspekte der Wahrheit oder gleichwertige Gegensätze darstellen. „Gut" ist die ursprüngliche Wirklichkeit; „böse" ist die davon abgeleitete Verzerrung. Nur „gut" ist wahr, „böse" ist unwahr. Diese Sichtweise steht im Kontrast zu dualistischen Weltanschauungen, in denen „Gut" und „Böse" als gleichermaßen ursprüngliche Wirklichkeit angesehen wird und als gleichermaßen bedeutsam für eine umfassende Wahrheit.

Aus dem gleichen Grund fehlen in den Spalten Begriffspaare wie „Liebe" und „Hass" oder „Licht" und „Dunkelheit", da auch hier nur der erste Begriff wahr und ursprünglich ist.

Betrachten wir abschließend die Begriffe „unpersönlich" und „persönlich". Ist die Wirklichkeit, in der wir existieren, grundsätzlich materiell und energetisch und *enthält* persönliche Strukturen? Oder ist die Realität *im Wesentlichen* persönlich und wirkt innerhalb und außerhalb der Matrix Materie und Energie? Wenn die Bibel wahr ist, dann ist die Wirklichkeit grundlegend persönlich, vielmehr als materiell und energetisch. Deshalb sind die Begriffe „persönlich" und „unpersönlich" keiner Spalte zugeordnet, da nur „persönlich" wahr ist.

Mit einem einzigen Auge sehen

Bei unserer Erkundung der vier epistemologischen Ecken konnten wir feststellen, dass die Menschen dazu neigen, sich eine Lieblingsecke auszusuchen. Das Gleiche trifft auch auf die „Brunnen"- und „Erzählung"- Spalten zu. Menschen, denen Erfahrungen besonders wichtig sind, werden wahrscheinlich den Brunnenansatz bevorzugen, während Menschen, welchen die Vernunft wichtig ist, die Erzählungsspalte betonen werden. Die meisten von uns haben eine natürliche Vorliebe für einen der beiden Ansätze. Und wieder ist mein Rat, das zu stärken, was schwach ist, um so eine Balance und Ganzheitlichkeit in deinen Zugang zur Wirklichkeit zu bringen.

Wenn wir dafür beten und daran arbeiten, unsere Schwächen zu stärken, werden wir die Wirklichkeit immer ganzheitlicher und vollständiger erkennen. Statt eines stückhaften Wissens werden wir immer mehr ein ganzes, lebendiges Wissen erfahren. Dieser Prozess wird herausfordernd und manchmal auch erschreckend sein, weil dabei ein Paradigmenwechsel, ein grundlegender Wandel in unserer Weltanschauung stattfinden wird. Wir müssen dabei unseren Wohlfühlbereich verlassen.

In der Bergpredigt gibt es einen kurzen Abschnitt, in dem Jesus über zwei Konfliktbereiche im Leben der Menschen lehrt, das Investieren *(„Schätze sammeln")* und das Dienen. Er sagt (Matthäus 6:19-21, 24):

> Ihr sollt euch nicht Schätze sammeln auf Erden, wo sie die Motten und der Rost fressen und wo Diebe einbrechen und stehlen. Sammelt euch aber Schätze im Himmel, wo sie weder Motten noch Rost fressen und wo die Diebe nicht einbrechen und stehlen.

> Denn wo dein Schatz ist, da ist auch dein Herz...Niemand kann zwei Herren dienen: entweder er wird den einen hassen und den anderen lieben, oder er wird an dem einen hängen und den anderen verachten. Ihr könnt nicht Gott dienen und dem Mammon.

Wir werden dazu ermutigt, uns in die gesamte Wirklichkeit des Himmels zu investieren, zu der auch die Erde gehört, anstatt uns nur auf den begrenzten, abgetrennten und nicht rentablen Bereich der Schöpfung zu beschränken. Wir werden dazu ermutigt, dem Geber zu dienen und nicht den Gaben. Wir müssen dem Gott dienen, der die Fähigkeit verleiht, Wohlstand zu generieren.

Zwischen diesen zwei (scheinbar) im Konflikt stehenden Bereichen steht ein kleiner und oft missverstandener Abschnitt über Perspektive. Jesus sagt (Matthäus 6:22-23):

> Das Auge ist das Licht des Leibes. Wenn dein Auge lauter ist, so wird dein ganzer Leib Licht sein. Wenn aber dein Auge böse ist, so wird dein ganzer Leib finster sein. Wenn nun das Licht, das in dir ist, Finsternis ist, wie groß wird dann die Finsternis sein!

Unsere Wahrnehmung (das Auge) ist die Lichtquelle unseres Lebens. Die meisten modernen Bibelausgaben übersetzen Vers 22 im Sinne von „wenn dein Auge gut ist" oder „gesund" oder „heil", aber das ursprüngliche griechische Wort heißt „einzeln, ein-fach". Es bedeutet, eine einheitliche, umfassende und sich ergänzende Sicht der Wirklichkeit als Ganzes zu haben. Damit werden die scheinbaren Widersprüche der davor und danach stehenden Absätze über Investition und Dienst aufgelöst.

Wenn wir „Schätze sammeln" und „dienen" auf diese ein-fache Art oder mit einer ganzheitlichen Sicht verstehen, werden die Widersprüche aufgelöst, indem alles mit dem Königreich Gottes in Zusammenhang gebracht wird. Wir erleben sowohl das Erwirtschaften von Wohlstand als auch den Dienst am Mitmenschen als Teil unseres Lebens im Königreich Gottes.

Kannst du den Zusammenhang zwischen diesem Abschnitt aus der Bergpredigt und den vier Ecken unseres epistemologischen Quadrats und dessen beiden Achsen erkennen? Wenn wir die vier Ecken und die zwei Spalten auf sich gegenseitig ergänzende Weise im Blick halten, werden wir dann „voller des Lichts" sein?

Mit einem „ein-fachen" Auge zu sehen kann sehr herausfordernd sein. Es bedeutet, dass man Aspekte der Wirklichkeit zusammenbringt, die rational gesehen nicht zusammenpassen. Vernunft ist wichtig, sie kann aber überbetont werden und damit zu Verzerrungen führen – auch in der Kirche! Während der Aufklärung und der Wissenschaftlichen Revolution, als ein starker Glaube entstand, dass man mit Zahlen die ganze Wahrheit ausdrücken könne, fingen Leute an, die Wirklichkeit mit Kreis- und Balkendiagrammen auf Flächen abzubilden. Die Unterteilungen ergaben immer die Summe 100 %.

Die Bibel unterteilt die Dinge jedoch nicht auf diese Weise. Dennoch übernahm die Kirche diese Prinzipien der Welt und begann, die Wahrheit durch die Brille der Welt zu betrachten. Das Resultat war, dass auch die Christen dazu neigten, alles nach mathematischen Prinzipien zu beurteilen. So wird zum Beispiel die Wirklichkeit der Prädestination und des freien Willens wie ein Kreis- bzw. Kuchendiagramm auf eine Fläche ausgelegt und die Menschen versuchen, diesen Kuchen in Teile aufzuteilen, die zusammen 100% ergeben. Manche unterteilen den Kuchen in 50/50-Hälften, aber das scheint Gottes Souveränität nicht wirklich gerecht zu werden. Andere Menschen schlagen vor, den Kuchen in 51% Gottes Souveränität und 49% freien Willen des Menschen zu unterteilen. Aber auch das ist nicht befriedigend. Sogar wenn wir sagen würden, dass es 99% Gottes Souveränität und nur 1% freier Wille ist, genügt es uns nicht. Die logischste Erklärung lautet dann, dass entweder Gott 100% souverän ist – dann wird der Mensch zu einer Schachfigur, oder dass der Mensch einen 100% freien Willen hat – was bedeutet, dass Gott in einem deistischen Urlaub ist.

Anstatt die Wirklichkeit in ein zweidimensionales Kuchendiagramm zu quetschen, scheint es mir angebrachter, sich eine Scheibe freien Willens und eine Scheibe Prädestination vorzustellen. Sowohl die Scheibe des freien Willens als auch die der Prädestination beinhalten 100%. Rechtwinklig aufeinander stehend verbinden sich die Scheiben zu einem dreidimensionalen Raum der Wirklichkeit. Dieser Raum steht für eine 200%-Wirklichkeit, oder, wie ich bereits erwähnt habe, eine 10'000%-Wirklichkeit. Gottes Souveränität ist ganz und vollständig, und der freie Wille des Menschen ist ganz und vollständig. Wenn wir uns die Beziehung zwischen der Souveränität Gottes und dem freien Willen des Menschen in einem dreidimensionalen Modell vorstellen anstatt nur zweidimensional, stellt sie keinen Konkurrenzkampf dar.

So wie wir Prädestination und freien Willen mit einem „einfachen Auge" betrachten müssen, müssen wir auch andere scheinbare Unterteilungen, Unterschiede und Widersprüche vereint sehen. Beim Lesen der Bibel sind sowohl der

Brunnenansatz als auch der Erzählungsansatz notwendig, um die Wahrheit zu erkennen. Wenn wir Gott und die ganze Wirklichkeit völlig erkennen wollen, müssen wir alle wesentlichen Quellen der Erkenntnis zusammenbringen: die Bibel, unsere Erfahrung, die Vernunft bzw. Rationalität und Institutionen bzw. Tradition. Keine dieser Quellen steht über den anderen, und auf keine können wir verzichten.

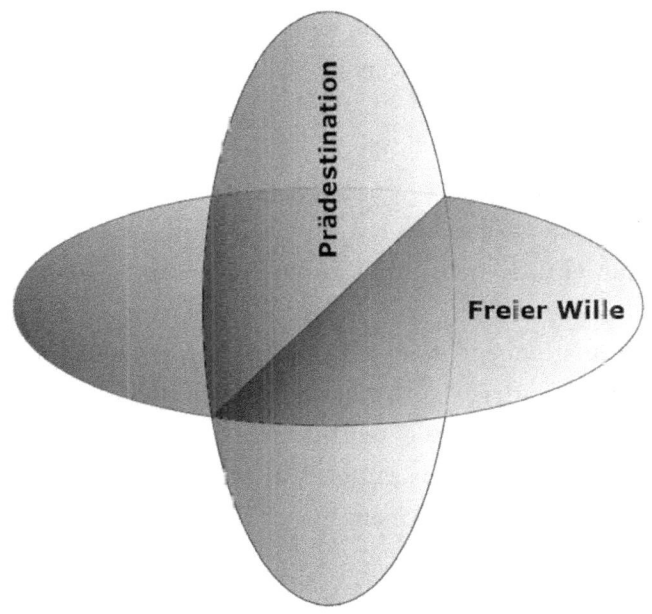

Es ist eine Tatsache, dass wir alle unausgewogen sind. Keiner ist gesund. Deshalb lautet die Frage nicht: „Bin ich unausgewogen?", sondern sie lautet vielmehr: „Inwieweit bin ich unausgewogen? Wie kann ich geheilt werden?" Diesen Herausforderungen müssen wir uns in Demut stellen.

Demut bedeutet nicht Schüchternheit oder Unterwürfigkeit. Demut ist Realismus. Wenn ich realistisch bin, erkenne ich sowohl meine Stärken als auch meine Schwächen richtig. Wenn ich eine von Gott gegebene Stärke für das Lehren habe, und ich sage: „Nein, ich bin sicher, dass ich das nicht gut genug kann. Andere können das besser!", dann ist das nicht Demut, sondern Stolz. Es bedeutet, zu sagen: „Gott hat mir diese Fähigkeit gegeben, aber ich fühle mich besser und die Leute achten mich höher, wenn ich sie verleugne." Das sieht zwar wie Demut aus, ist es aber nicht. Stattdessen erschaffe ich mich selbst gemäß der Eitelkeit meiner eigenen Vorstellung. Wahre Demut bedeutet, mich so anzunehmen, wie ich wirklich bin, anstatt Stärken oder Schwächen vorzutäuschen, so wie es mir günstig erscheint.

Können wir uns selbst genau betrachten und unsere eigenen Verzerrungen erkennen? Können wir uns diesen entstellten Bereichen ehrlich stellen und durch Arbeit und Glauben einen einsichtigeren Zugang zur Wirklichkeit erlangen? Das kann ziemlich anstrengend sein! Es macht das Leben komplizierter und wir werden verletzlicher. Aber sich ergänzende Betrachtungsweisen der Wahrheit macht unser Leben reicher und voller. Sie erden uns in der Wirklichkeit und führen uns in eine größere Ganzheit. Amen.

33 FRAGEN

Die folgenden Fragen stammen sowohl aus Fragerunden, die nach Vorträgen abgehalten und aufgenommen worden sind, als auch von Lesern der Vortragsmitschriften. Sie wurden nur geringfügig editiert und haben daher eher einen Gesprächscharakter als den eines akademischen oder literarischen Diskurses.

Eine echte Frage hilft uns, nicht mehr weiter um ein Thema herumzuflattern wie die Motten um das Licht, sondern uns dem Kern der Dinge zuzuwenden. Nur eine unwissende Frage ist eine echte Frage. Eine gute Frage zu stellen kann schwerer sein, als sie zu beantworten. Was sind eure Fragen? Versuche für dich, deine Fragen zu entdecken.

1. Welchen Hindernissen kann man begegnen, wenn man die Bibelecke der Epistemologie erforscht?

Ein Hindernis ist, dass die Menschen sich unter Druck gesetzt fühlen. Manchmal werden die Menschen von Christen dazu gedrängt, sich bezüglich der Autorität der Bibel zu entscheiden, ohne dass ihnen genug Zeit geben wird, das auch zu durchdenken. Menschen können sich dazu genötigt fühlen, zuerst alles über die Bibel verstehen zu müssen, bevor sie als autoritative Quelle akzeptiert werden kann. Aber in Wirklichkeit können wir keine der vier Quellen vollständig verstehen. Die Bibel ist perfekt, aber unser Verständnis von ihr wird es nie sein. Deshalb sollten wir uns nicht unter Druck setzen, ein perfektes Verständnis zu erreichen. Wenn Menschen davon überzeugt sind, über das perfekte Verständnis der Bibel zu verfügen, kann es gefährlich werden. Ich rate dazu, es entspannter und gemächlicher anzugehen – die Suche nach Wahrheit ist ein Prozess und braucht Zeit.

Ein weiteres häufig auftretendes Hindernis ist, dass Menschen die Wahrheit des christlichen Glaubens so lange ablehnen wollen, bis sie beweisen können, dass alles andere total falsch ist. Aber ich denke nicht, dass das der Wirklichkeit entspricht. Der Buddhismus muss nicht als vollkommen falsch widerlegt werden, um sich für Jesus entscheiden zu können. Der Islam muss nicht als vollkommen falsch widerlegt werden, um als Christ gerettet zu werden. Andere Weltanschauungen beinhalten manche wahren Elemente, selbst wenn sie es als Ganzes nicht schaffen, die Wirklichkeit hinreichend zu beschreiben.

Manchmal erwarten Menschen von der Bibel, dass sie etwas sein sollte, was sie nicht ist, was auch hinderlich sein kann. Die

Bibel ist kein wissenschaftliches Lehrbuch, auch wenn das, was sie über die Wirklichkeit sagt, mit der Wissenschaft übereinstimmt. Ebenso wurde die Bibel zu einer anderen Zeit und in einer anderen Kultur verfasst, aber manche Leute erwarten, dass sie direkt in unserer Sprache in unsere Zeit und unsere Kultur hineinspricht.

2. Menschen mit Autorität verwechseln „Autorität haben" leicht mit „mehr Wert haben", im Sinne von „Ich habe die Macht, also bin ich wichtiger und besser". Könntest du dazu etwas sagen?

Bei Gott hat der Vater die Autorität und überträgt sie auf den Sohn. Der Vater befiehlt und sendet, der Sohn gehorcht und geht. Beide sind aber im gleichen Maße Gott. Dasselbe trifft auf das Ebenbild Gottes zu - den Menschen. So haben zum Beispiel die Eltern Autorität und die Kinder gehorchen. Aber wer ist nun mehr Mensch? Beide sind gleich Mensch. Autorität zu haben macht eine Person nicht zu einem Menschen, sondern beschreibt eine spezielle Form der zwischenmenschlichen Beziehung.

Vor Jahren war ich im kommunistischen Ostdeutschland und sprach in einer Kirche vor etwa hundert Leuten. Die meisten der Anwesenden waren Landwirte. Ich stellte folgende Frage: „Wer ist mehr Mensch, die Eltern oder die Kinder?". Alle antworteten: „Die Eltern." Ich war so schockiert, dass es mir fast den Atem verschlug. Ich wusste nicht, was ich sagen sollte. Sie waren sich der Richtigkeit ihrer Antwort vollkommen sicher. Darüber gab es keine Diskussion, keine Frage, für sie war das die Wirklichkeit. Die Eltern waren mehr Mensch, die Kinder waren weniger Mensch. Ich dachte bei mir: „Ich befinde mich gerade in einer anderen Kultur, ich habe mein eigenes Umfeld verlassen. Wie gehe ich nun damit um? Was soll ich tun?" Ich musste weitermachen. Und das waren Christen! Aus meiner eigenen, beschränkten Perspektive würde ich sie als bibelgläubige Christen bezeichnen, aber nicht als bibelverständige Christen. Sie akzeptierten die Autorität der Bibel ebenso wie ich, und wir waren Geschwister, aber ich glaube, sie hatten etwas ganz Wesentliches falsch verstanden. Im Grundsatz waren wir auf der gleichen Seite, aber in manchen Aspekten unterschieden sich unsere Ansichten grundlegend. Das Leben ist komplex, auch für Christen. Wir können nicht erwarten, dass alle Christen die gleichen kulturellen, politischen, wirtschaftlichen oder sozialen Werte und Strukturen haben. Manchmal finden wir uns in einer Kultur wieder, in der unser Bauchgefühl sagt: „Das ist abnormal!" Aber die wirkliche Frage lautet: „Ist es für Gott abnormal, oder ist es nur für mich abnormal?" Falls es nur für mich abnormal ist, dann muss ich das akzeptieren. Aber wenn es für Gott abnormal ist, wenn es sich wirklich außerhalb Seines Charakters und Seiner Gebote sowie der Strukturen befindet, die Er dem Leben der Menschen gegeben hat, dann muss ich sagen: „Es gibt hier ein Problem. Du begehst einen Fehler, lieber Bruder, und ich denke, ich sollte dich darauf hinweisen." Aber wir müssen vorsichtig und demütig dabei vorgehen, und sorgfältig darauf achten, dass wir nicht aus menschlichem Vorurteil heraus sprechen, sondern aus einer göttlichen Perspektive.

3. Kann es für Menschen, die einer Obrigkeit unterstehen, schwierig sein zu erkennen, wie sie in dieser Autoritätsbeziehung funktionieren können?

Manchmal wollen Leute, die jemandem unterstehen, dass diese Menschen mit Autorität viel mehr Verantwortung für ihr Leben übernehmen, als sie sollten. Es kann sehr entspannend sein, wenn man für sein eigenes Leben nicht verantwortlich ist, und es kann sich auch sehr beruhigend anfühlen, wenn man von anderen abhängig ist. Allerdings wäre das eine verworrene und falsche Anwendung von Autorität.

Menschen unter einer Obrigkeit sind manchmal Opfer. Wir neigen dazu, die Opfer für unschuldig zu halten. In gewisser Weise sind sie das zwar, besonders wo sie gezwungen und getäuscht werden. Aber Opfer sind Menschen, und alle Menschen sind schuldig. Niemand sollte auf die Opferrolle reduziert werden.

Manche Leute können die Wirklichkeit durch ihre Opferrolle manipulieren. Manche meinen, der Sinn des Lebens liege darin, zu entdecken, was ihnen das Leben schuldet, um dann den Rest des Lebens damit zu verbringen, diese Schulden einzutreiben. Aber so funktioniert das Leben nun mal nicht.

Ich sage oft: „Ohne Schuld gibt es keine Hoffnung". Wenn wir nur unschuldige Opfer wären, dann wären all unsere Probleme durch die schlimmen Dinge verursacht, die uns widerfahren. In diesem Fall besteht lediglich die Hoffnung, dass uns bessere Dinge widerfahren. Aber niemand verspricht uns, dass uns diese besseren Dinge tatsächlich widerfahren werden. Wenn wir aber schuldig sind, dann brauchen wir Vergebung, und Jemand verspricht uns Vergebung.

4. Könntest du noch etwas mehr dazu sagen, wie Freiheit und Form mit Autorität zusammenhängen?

Ich will nochmal auf das Beispiel mit den Eltern zurückkommen. Die Autorität der Eltern formt die Freiheit der kleinen Kinder. In manchen Lebensbereichen setzen Eltern ihren Kindern Grenzen, in anderen nicht. Oft sagen Eltern:

„Du darfst dieses tun, aber jenes nicht." Eltern gestalten die Freiheit derart, dass die Kinder in Sicherheit und Fülle leben können. Anders formuliert bieten die Eltern ihren Kindern somit eine Freiheit, die eine Form hat. Es ist keine flüchtige Wolke der Freiheit oder eine ungeordnete Freiheit. Eine Freiheit ohne Form ist gefährlich. Ich schlage euch folgende Gleichung vor:

Totale Freiheit = Tod

Diese Aussage ist zwar in einer postmodernen Kultur, in der Freiheit als der höchste Wert gilt, politisch inkorrekt, aber mir scheint sie durchaus zutreffend zu sein. Wenn man seinen Kindern die vollständige Freiheit gibt, dann werden sie das nicht überleben. Sie werden sterben. Wenn eine Gesellschaft versucht, in totaler Freiheit zu leben, ohne jegliche Form von Ehe, Familie, Verkehrsregeln, Beschränkungen von Medikamenten und so weiter, dann wird sie nicht lange überleben. Wenn es jedoch keine Freiheit gibt, dann haben wir Stillstand. Das ist ebenfalls keine gute Lebenseinstellung. Folglich ist Freiheit für das Leben unerlässlich, aber sie muss in einer sich gegenseitig ergänzenden Beziehung zur passenden Form stehen.

Wir neigen dazu, wie ein Pendel zwischen Freiheit und Form hin- und herzuschwingen. Es gibt historische Schwünge, die Jahrhunderte andauern, es gibt gesellschaftliche Schwünge, die plötzlicher ablaufen können, und es gibt persönliche Schwünge, die mehrmals pro Stunde stattfinden können. Vielleicht wünsche ich mir die Sicherheit, welche mir eine bestimmte Form bietet und wechsle dann doch wieder zur Freiheit – und häufig fällt es mir schwer, eine gute Balance zwischen beiden zu finden. Stets befindet man sich in einer

Spannung, einem Kampf, einem Ungleichgewicht. Ein Überbetonen, eine Unvollständigkeit, das Fehlen eines Mittelpunktes in der Beziehung zwischen Form und Freiheit besteht immer. Es gibt ein Zuviel des Einen und ein Zuviel des Anderen. So habe ich vielleicht ein Übermaß an Form in meinem akademischen Leben, aber auch ein Übermaß an Freiheit in meinem Sexualleben, meinen Freundschaften oder meinem Sozialleben. Es ist schwierig, das Ganze sowohl stabil als auch dynamisch zu halten. Wenn es nur stabil ist und nicht auch dynamisch, dann ist es tot. Und wenn es nur dynamisch ist und nicht auch stabil, dann ist es Chaos. Wie bekommen wir das Ganze nun in eine dynamische Stabilität? Um zu deiner Frage zurückzukommen – eine gute Autorität würde die Wirklichkeit derart beschreiben, dass dadurch der richtige Mittelweg zwischen Freiheit und Form eingeschlagen wird. Eine schlechte bzw. verzerrte oder missbrauchte Autorität hingegen wird letztendlich auf einer Seite zu extrem sein – entweder erlaubt sie zu viel Freiheit ohne angemessene Form, oder sie erzwingt zu viel Form und Regulierung ohne die angemessene Freiheit.

5. Was ist, wenn ich die Autorität einer bestimmten Institution nicht mag? Was, wenn sie nicht vernünftig erscheint? Man könnte z.B. bei Verkehrsampeln durchaus argumentieren, dass es vernünftiger wäre bei Grün zu halten und bei Rot zu fahren.

Manchen Menschen würde das tatsächlich vernünftiger erscheinen. Aber Erkenntnis ist mehr als nur vernünftig. Sie beinhaltet Liebe, Demut, Unterordnung, Zusammenarbeit und Dienen. All das findet auch in Gott statt, innerhalb der Beziehungen der Dreieinigkeit. Wenn wir im Ebenbild Gottes geschaffen sind, dann sollten all diese Elemente auch in unserem Leben eine Rolle spielen. Sich unterordnen zu können ist eine mächtige Fähigkeit, und eine die uns menschlich macht. Diese Wirklichkeit hat unsere gegenwärtige westliche Kultur nicht wirklich begriffen. In unserer Kultur wird das Individuum überbetont. Sie betont persönliche Macht und persönliche Leistung. Wenn wir uns aber nicht mehr unterordnen können, dann haben wir ein Problem. Dann wird uns Demut, Dienst und Zusammenarbeit fehlen. Obwohl ich dem zustimmen könnte, dass es bei Verkehrsampeln vernünftiger wäre, bei Grün zu halten und bei Rot zu gehen, muss ich doch auch meine rationalen Präferenzen mit der Autorität der Tradition in Einklang bringen und mich dieser Tradition unterordnen. Das gilt auch für viele andere Fragen im Leben – manchmal muss ich mich unterordnen.

Im ersten Petrusbrief heißt es, dass wir uns Gott zuliebe unterordnen sollen, und zwar nicht, weil die Regierung oder die Herrscher perfekt sind, sondern weil Gott perfekt ist und Er uns darum bittet. Petrus sagt auch, dass wir uns unseren Herren (heute wären das die „Arbeitgeber") unterordnen sollen. Die meisten englischen Übersetzungen sagen, wir sollten uns auch dann unterordnen, wenn der Herr „harsch" ist, aber das tatsächlich zutreffende Wort ist *skolios*, was „verdreht" oder gar „betrügerisch" bedeutet. Folglich solltest du dich der Autorität deines Herrn auch dann unterordnen, wenn er einen zweifelhaften Charakter hat, weil nämlich die Autorität von Gott gegeben ist und der Charakter deines „Chefs" nebensächlich ist. Natürlich bleibt da noch Raum für weitere Überlegungen, aber wesentlich ist doch, dass diese Aussage sehr deutlich ist und wir uns deshalb mit ihrer Wirklichkeit auseinandersetzen müssen.

6. Woher wissen wir, dass wir Gott vertrauen können?

Wir können Gott vertrauen, weil Er uns liebt. Aber woher wissen wir, dass Er uns liebt? Das ist kompliziert. Vielleicht wurde uns beigebracht, dass es wahr ist – aber es gibt keine Formel, um es zu beweisen. Der einzige Weg, Gott zu kennen, ist ihn als lebendige und persönliche Wirklichkeit zu kennen. In diese Wirklichkeit einzutreten kann verunsichernd sein, weil wir nicht wissen, was uns dort erwartet.

Es ist, wie wenn man am Verhungern ist und einen Teller mit Suppe angeboten bekommt. Kurz bevor man den ersten Löffel mit den Lippen berührt, fragt man sich: „Ist diese Suppe gesund oder vergiftet?" Das ist eine vernünftige Frage, und man kann die Antwort auf ganz unterschiedliche Arten herausfinden. Man könnte den Koch befragen um herauszufinden, ob er ein gemeingefährlicher Irrer ist. Man kann abwarten, bis andere die Suppe gegessen haben, um zu sehen, ob sie danach tot umfallen oder nicht. Wenn man ganz schlau ist, kann man die Suppe chemisch analysieren – obwohl eine chemische Analyse vielleicht gar keine eindeutige Antwort bringen würde, da dein Metabolismus auf die Suppe vollkommen anders reagieren oder sich die Zusammensetzung der Suppe beim Abkühlen verändern könnte. Es gibt also ganz viele Variablen und keine davon wird ausreichen, um eine befriedigende Antwort zu geben. Der einzige Weg, um wirklich herauszufinden, ob die Suppe gut ist für dich, ist sie zu essen. Das ist das Leben im Glauben. Wir essen im Glauben oder wir verhungern. Wissen und Vernunft können hilfreich sein und den Glauben unterstützen, aber sie können uns in diesem Fall nicht weiterbringen. Glaube ist notwendig.

Die Bibel lässt uns *schmecken und sehen, wie freundlich der Herr ist*. Normalerweise sehen wir nicht, wenn wir schmecken, und wenn wir sehen, dann schmecken wir nicht. Gott bringt unsere Sinne auf eine ganzheitliche Art und Weise in dieser Aussage in Einklang. Das Wissen über die Vertrauenswürdigkeit Gottes kann nicht auf einen Sinn reduziert werden. Es kann nicht auf das Denken, das Schmecken, das Sehen oder das Fühlen reduziert werden, sondern es muss all diese Sinne verbinden und braucht auch dann noch mehr. Zu all dem müssen wir den Glauben hinzufügen, damit unser Wissen über Gottes Vertrauenswürdigkeit vollständig wird. Wir kommen zu Gott mit unserem gesamten Sein.

7. Wäre es zutreffend zu sagen, dass du gemischte Gefühle bezüglich der Postmoderne hast?

Das stimmt tatsächlich. Ich bin dankbar für die Postmoderne, weil sie der Wahrheit die Subjektivität zurückgegeben hat. Aber ich bin auch unzufrieden mit der Postmoderne, weil sie der Wahrheit die Objektivität genommen hat.

8. Verhilft uns der Heilige Geist zu Erkenntnis durch unsere Gefühle?

Ja, aber manchmal kann das, was wir in unseren Herzen fühlen, wie der Heilige Geist *erscheinen*, auch wenn Er es gar nicht ist. In solchen Situationen widersprechen unsere Gefühle der Bibel. Während meiner Arbeit als Pastor kam einmal eine Frau zu mir und sagte: „Der Heilige Geist hat mir gesagt, dass ich meinen Ehemann verlassen und dem Herrn als Missionarin dienen soll." Ich forschte nach den Gefühlen der Frau und ihrer Situation, was natürlich nicht genügte. Wir untersuchten ebenfalls, was die Bibel über die Ehebeziehung sagt, und nur anhand der Bibel konnte ich ihr sagen, dass es sich hier nicht um eine Führung durch den Heiligen Geist handelte. Obwohl unsere persönliche Erfahrung wichtig ist, wird es Situationen geben, in denen sie sich als irreführend herausstellt, wenn man sie im Licht der Bibel betrachtet.

9. Kann ein falsches Bibelverständnis dazu führen, dass man seine Erfahrungen falsch deutet?

Das kann passieren. Manche Leute glauben zum Beispiel, dass sie Gott lieben, obwohl sie das in Wirklichkeit nicht tun, weil sie nämlich ein falsches Verständnis davon haben, was die Bibel über Liebe sagt. Die Bibel ist ganz klar darin, dass wir nur auf eine Art wissen können, ob wir Gott lieben, nämlich indem wir andere Menschen lieben. Anders gesagt: Wir haben zwei unterschiedliche Arten von Erfahrung – die Erfahrung Gott zu lieben, und die Erfahrung andere Menschen zu lieben – und diese beiden Erfahrungen gehören zusammen. Oder in anderen Worten: die Erfahrung der Liebe zu Gott muss sowohl inkarnatorisch (menschgeworden) als auch transzendent sein. Wenn wir die Empfindung haben, Gott zu lieben, ist das womöglich nur transzendent; es ist vielleicht nur eine Idee oder ein Gefühl, das wir mit dem Übernatürlichen verbinden, was aber keine physische, praktische Auswirkung zeigt. Der wirkliche Test, der zeigt, ob unsere Liebe zu Gott eine echte geistliche Erfahrung ist, ist unsere Liebe zu anderen Menschen. Diese fleischgewordene Erfahrung bestätigt die Echtheit unserer transzendentalen Erfahrung der Liebe zu Gott. Diese beiden Erfahrungen ereignen sich zusammen und ergänzen sich gegenseitig.

Beim Thema Glaube und Werke sehen wir eine ähnliche Dynamik. Der Apostel Jakobus sagt uns: „Zeige mir deinen Glauben ohne die Werke, so will ich dir meinen Glauben zeigen aus meinen Werken... so ist auch der Glaube ohne Werke tot." Die Beziehung zwischen Glauben und Werken ist komplementär. Wenn wir das eine haben, dann wissen wir auch, dass wir das andere haben; wenn wir nicht beides haben, dann haben wir keines so richtig. Wenn Menschen die Bibel nur ab und zu lesen, begreifen sie diesen wesentlichen Aspekt nicht und denken vielleicht, dass sie lediglich aufgrund ihrer Gefühle oder ihrer Aktivitäten bereits Glauben haben.

10. Können „Brunnen" und „Erzählung" auch auf Erfahrung, Vernunft und Institution angewendet werden?

Ja. Für die Institutionsecke bedeutet das zum Beispiel, dass auf der Brunnenseite unsere Kirche, Nation, ethnische Zugehörigkeit oder andere Gemeinschaften, die Identität, Sicherheit oder Motivation vermitteln, erlebt werden. Auf der Erzählungsseite der Institutionsecke sehen wir eher das Große und Ganze einer Institution, ihre Geschichte und wie wir selbst in dieses Bild hineinpassen. Auf der Brunnenseite empfinden wir somit aufgrund einer ethnischen Zugehörigkeit Stolz und Ermutigung, während wir uns auf der Geschichtsseite im Kontext der gesamten Gemeinschaft erfahren und unsere Rolle und unseren Beitrag innerhalb dieses Rahmens sehen.

Die E-Ecke kann man ebenfalls sowohl unter dem Brunnen- als auch dem Erzählungs-Aspekt betrachten. Auf der Brunnenseite erleben wir zum Beispiel Begeisterung, Freude oder Friede durch Tätigkeiten wie Lieder singen, in der Natur spazieren gehen oder Skifahren. Auf der Geschichtsseite können wir unsere Erfahrungen im Gesamtzusammenhang unseres Lebens einordnen und sie miteinander in Beziehung setzen. Die Erzählungsseite der E-Ecke überlappt sich etwas mit der I-Ecke.

Die R-Ecke kann man ebenso in Brunnen- und Erzählungs-aspekte unterteilen. Auf der Brunnenseite können wir

Neugier, Begeisterung und Befriedigung verspüren, wenn wir neue Dinge mit unserem Verstand entdecken und erforschen. Wissenschaftler und Ingenieure können derartige Erfahrungen sicher nachempfinden. Auf der Geschichtsseite können wir sehen, wie die Dinge, die wir gelernt oder entdeckt haben, mit anderen Wissensbereichen und dem Fortschritt der Wissenschaft in Beziehung stehen. Wenn ich zum Beispiel als Ingenieur der Luftfahrttechnik einen neuen Flugzeugtyp entworfen habe, dann könnte ich sehen, wie sich dieses Flugzeug aus den vorangegangenen Typen entwickelt hat und wie es in den geschichtlichen Fortschritt in der Luftfahrttechnik hineinpasst.

11. Wie bist du auf die vier epistemologischen Ecken gekommen? Was hat dich überzeugt, dass diese Ecken ein vollständiges Erkenntnissystem darstellen?

Diese vier Ecken sind die Grundlage für meine eigene Epistemologie. Im Laufe meines Lebens habe ich versucht, rational zu sein, und ich habe erkannt, wie die Vernunft dabei helfen kann, die Welt zu verstehen. Ich habe innerhalb verschiedener Traditionen gelebt, war also Teil einer Nation oder einer Familie, und habe so erkannt, dass Traditionen eine wichtige Rolle dabei spielen, die Wirklichkeit zu erkennen. Ich habe ausgesprochen prägnante persönliche Erfahrungen gemacht, und mit scheint, dass auch diese in meine Erkenntnis integriert werden müssen. Mein Leben wurde auch von Offenbarungen beeinflusst, also braucht auch das einen Platz.

Ich bin fortwährend darum bemüht, diese vier Ecken miteinander zu integrieren. Und niemals ist es perfekt. Ich muss Gott vertrauen, vor allem wenn ich es alleine nicht hinbekomme – also immer. Wenn ich es ganz allein schaffen würde, dann bräuchte ich Gott nicht und wäre ein humanistischer Atheist. Und genau das passierte im Paradies mit Eva, als sie ihre Begegnung mit der Schlange und der Frucht vom Baum der Erkenntnis des Guten und des Bösen hatte. Die Schlange versprach Eva, dass wenn sie die Frucht äße, sie wie Gott werden und selbst wissen würde. Und in einer derartigen Situation stecken wir alle: wir essen alle diese Frucht und wir streben nach einem Wissen, das uns von Gott unabhängig macht.

12. Manchmal widersprechen sich Wissenschaftler und Theologen bei Fragen wie dem Alter der Erde, weil sie aus unterschiedlichen Ecken an die Themen herangehen. Was würdest du vorschlagen, um einen besseren Diskurs in derartigen Situationen zu ermöglichen?

Ich würde ein gewisses Maß an Demut vorschlagen. Die Ecken müssen zusammengehalten und in einer komplementären Beziehung gesehen werden. Die Bibel sollte nicht isoliert gelesen werden; sie wurde nicht für die Engel geschrieben, sondern für Menschen, die in Raum, Zeit und Geschichte leben, und das beinhaltet auch den rationalen Fortschritt der wissenschaftlichen Forschung. Wir müssen vorsichtig sein und dürfen nicht erwarten, dass die unterschiedlichen Ecken die Sprache der jeweils anderen Ecken sprechen. Die Ecke der Rationalität wird versuchen, so objektiv wie möglich zu sprechen, während die Bibel, da sie eine persönliche Kommunikation darstellt, auch Subjektivität beinhaltet. So sind zum Beispiel die Gleichnisse Jesu wahr, aber ihre Wahrheit ist nicht auf objektive Tatsachen begrenzt. Sie sind zwar objektiv gesehen nicht exakt, aber das bedeutet nicht, dass sie nicht wahr sind.

13. Deine Aussage „objektiv gesehen nicht exakt" erinnert an die Unterscheidung zwischen „akkurate" und „nicht-akkurate" Wahrheit aus deinem Buch „3 Weltformeln", was sich auch in den beiden Spalten des Brunnen- und Erzählungsansatzes im vorliegenden Buch zeigt. Könntest du diese Unterscheidung noch etwas weiter ausführen?

Lass mich ein Beispiel anführen, das ich oft verwende. Wenn man eine echte Brücke bauen will, dann muss man an das Projekt objektiv herangehen. Man muss exakte mathematische Berechnungen durchführen. Dann wird man in der Lage sein, eine objektiv akkurate Brücke zu bauen. Andererseits kann man sich nicht auf akkurate Art und Weise verlieben. Diese Erfahrung ist subjektiv und beinhaltet chaotische und unvorhersehbare Emotionen. Man kann den Vorgang des sich Verliebens nicht planen. Dennoch würde man nicht sagen, dass das Verlieben nicht wahr ist, bloß weil es eben subjektiv ist. Es ist sehr wahr – was dir jeder bestätigen kann, der sich schon einmal verliebt hat - aber eben auf eine nicht-exakte Weise. Die Objektivität der Brücke ist für jeden gleich, aber die Subjektivität des sich Verliebens ist einzigartig und exklusiv. Eine noch vollständigere Erfahrung der Wahrheit wäre vielleicht, wenn man sich auf einer Brücke verliebt.

14. Gibt es nur vier Ecken? Oder sind da noch mehr?

Es könnte mehr Quellen geben, aber ich denke, dass diese vier Ecken den Großteil des Lebens abdecken. Bei meinen Vorträgen über Epistemologie gab es ein paar Leute, die zusätzliche Ecken vorgeschlagen haben, aber wenn man etwas genauer über diese Vorschläge nachgedacht hat, hat sich immer herausgestellt, dass man diese neuen Ecken unter den bereits bestehenden vier Ecken einordnen kann.

15. Was du über die objektiven Aspekte der Wahrheit lehrst, setzt bestimmte Definitionen voraus. Menschen fühlen sich bei Definitionen oft nicht wohl. Warum ist das so?

Manchmal haben Menschen, vor allem postmoderne Menschen, Angst vor Definitionen, weil sie befürchten, dass sie durch Definitionen gelähmt werden. Die Menschen stellen sich Definitionen als unbewegliche Punkte vor. Aber eine Definition ist kein Punkt, sondern ein Kreis, und in diesem Kreis befindet sich eine unendliche Anzahl von Punkten. Wenn ich Silvio bitte, mir eine Tasse Tee zu holen, dann könnte es sein, dass er mir einen Pfefferminztee in einem Becher bringt, oder schwarzen Tee in einer Tasse mit Unterteller, Tee mit Zitrone, Tee mit Milch, Tee mit Honig, Kräutertee, Earl Grey oder Jasmintee. Es gibt eine unendliche Anzahl von „Tee-Möglichkeiten", aber es wird kein Hammer sein. Ein Hammer ist nicht im Kreis der „Tasse Tee" enthalten. Das gilt auch für „Banane" oder „Stuhl". Definitionen sind wesentlich für mein Leben, denn wenn es sie nicht gäbe, dann müsste ich einen Hammer trinken und sterben. Oder anders gesagt – Definitionen zu haben entscheidet über Leben und Tod. Definitionen haben Autorität über Bedeutungen, und wir brauchen diese Autorität. Es spielt keine Rolle, wie ich mich damit fühle. Wenn jemand einen Tee für dich zubereitet und Gift dazu gibt, dann ist es keine Frage, ob du dem Gift die Autorität gegeben hast, dich zu töten oder nicht. Das Gift hat diese Autorität auch ohne dich.

Woher kommt diese Autorität? Die Bibel sagt uns: „Alle Autorität kommt von Gott". Das ist entweder wahr oder unwahr. Wenn es wahr ist, dann müssen wir bei diesem Verständnis bleiben und lernen, damit klar zu kommen. Es bedeutet nicht, dass Menschen ihre Autorität immer angemessen handhaben werden oder dass es mir immer gefallen wird. Es bedeutet nur, dass die Autorität von Gott kommt, weil in Ihm und unter Ihm Autorität ist. Deshalb können wir ohne Autorität nicht leben. Wir brauchen Dinge außerhalb von uns, welche die Wirklichkeit für uns beschreiben. Wir können die Realität nicht für uns selbst erfinden. Bei postmodernen Menschen ist der Drang, sich seine eigene Wirklichkeit zu schaffen, sehr stark ausgeprägt, aber ich glaube nicht, dass sie das auch wirklich schaffen. Ich denke, dass wir alle in einer Wirklichkeit leben, die von unserer Einstellung unabhängig ist.

16. Manche Zweige in der protestantischen Kirche sind sehr liberal und bibelkritisch geworden. Könntest du etwas über diese Entwicklung sagen?

Diese Entwicklung liegt darin begründet, dass die Kirche die Aufklärung und den Glauben an die Wissenschaft zu ihrem Salz und Licht gemacht hat. Beide Strömungen fordern, dass jegliche Wahrheit der Bibel ausschließlich objektiv sein muss. Viele Christen haben diesen rationalistische Anspruch in sich aufgenommen. Wenn die Bibel dann diesem Anspruch nicht genügt, werden liberale Christen verunsichert und geben schließlich die Wahrheit der Bibel ganz auf. Auf der anderen Seite können fundamentalistische Christen durch diesen Anspruch auch unter Druck geraten. Sie versuchen dann, die gesamte Bibel ausschließlich als objektive Wahrheit zu sehen.

17. Wie viel Klarheit können wir erwarten, wenn wir die Bibel lesen?

Wir können ganz viel Klarheit erwarten. Wer allerdings vollkommene Klarheit von seiner Bibel erwartet, wird vermutlich durch die R-Ecke dazu verleitet, d.h. er liest und interpretiert die Bibel durch eine sehr rationalistische Brille. Ein

Extrembeispiel für diese Tendenz wäre jemand, der versucht herauszufinden, wer die Mutter des verlorenen Sohnes war. Ein anderes Beispiel wäre der Versuch, die genaue Übereinstimmung aller Bilder in den Gleichnissen zu ermitteln und daraus genaue Anweisungen und Vorschriften für das Leben abzuleiten. Ein besserer Weg als Zugang zu den Gleichnissen wäre jedoch, sie als Fenster zu sehen, die Jesus öffnet und durch die wir die Wirklichkeit aus anderen Blickwinkeln sehen können. Wie ich zuvor erwähnt habe, sind die Gleichnisse ein Beispiel für nicht-akkurate Wahrheit.

Ein weiteres Beispiel für nicht-akkurate Wahrheit ist der Abschnitt aus dem Johannesevangelium Kapitel 6: „Wer mein Fleisch isst und mein Blut trinkt, der bleibt in mir und ich in ihm." Dieser Abschnitt ist wahr, aber er bietet keine akkurat-wissenschaftliche Interpretation.

18. Manche Leute, die in ihrem christlichen Glauben stark sein wollen, halten sich besonders an die B-Ecke und vermeiden die anderen Ecken. Was denkst du darüber?

Ich denke, dass Christen die Möglichkeit beachten sollten, dass ihr Glaube an die Bibel gestärkt werden kann, wenn er mit den anderen drei Ecken zusammengebracht wird. Wir können nicht einfach in die Bibel einsteigen und in ihr leben. Die Bibel hilft uns, in der Welt zu leben. Wir brauchen keine Angst vor den anderen Ecken zu haben, obwohl sie alle ihre eigenen Gefahren mitbringen. Keine der Ecken ist sicher. Der Teufel hat sogar versucht, das Bibelverständnis von Jesus zu manipulieren (wie wir in Lukas 4:9-11 sehen können) Also ist auch die Bibel-Ecke nicht vollkommen sicher. Wir sollten es uns in keiner der Ecken zu gemütlich machen und einschlafen.

19. Ist es möglich, dass die R-Ecke die B-Ecke unterstützt?

Ja. Die R-Ecke ist die Grundlage für die historische und archäologische Forschung. Während des 18. Jahrhunderts glaubten viele Gelehrte, dass zu der Zeit von Moses die Schrift noch gar nicht erfunden war und somit die frühen Bücher der Bibel nicht zu der von ihnen selbst behaupteten Zeit geschrieben sein konnten. Dann entdeckten Archäologen im 19. Jahrhundert den Kodex Hammurabi, der um 1700 v. Christus geschrieben wurde. Die Entdeckung, dass die Menschen bereits vor Moses schreiben konnten, bekräftigte die Sicht, dass die frühen Bücher in der Bibel tatsächlich zu der Zeit verfasst worden sein konnten, deren Ereignisse sie beschrieben.

20. Normalerweise wollen sich Christen der Bibel unterordnen. Sollten wir uns auch den drei anderen Ecken unterordnen?

Für jede der vier Ecken gilt, dass sie ihre Autorität im Kontext mit den Autoritäten der anderen drei Ecken ausüben muss, und zwar auf eine komplementäre und nicht gegeneinander gerichtete Art. Wir sollten uns keiner Ecke isoliert unterwerfen, denn das wäre eine Form des Götzendienstes. Wir würden einen Teil der Wirklichkeit herausgreifen und ihn verabsolutieren. Dann würden wir die Bibel anbeten, oder die Erfahrung, die Tradition oder die Vernunft, und hätten am Ende doch nur ein verzerrtes Wirklichkeitsverständnis. Denkt daran, dass *jede* Ecke grundlegend ist!

21. Es gibt Leute die behaupten, dass wir ganz gut nur mit der E-, I- und R-Ecke auskommen und die B-Ecke weglassen können. Welche Risiken sind damit verbunden?

Es gibt ganz unterschiedliche Risiken. Falls es eine übernatürliche Wirklichkeit gibt, ich aber nur die E-, I- und R-Ecke akzeptiere und die B-Ecke ausblende, dann wäre ich in meinem Bewusstsein des Übernatürlichen ohne jegliche Führung. Andere Leute wiederum sagen: „Ich bin spirituell, aber nicht religiös", und meinen damit, dass sie sich zwar des Übernatürlichen bewusst sind, aber keine Möglichkeit haben, das in die E-, I- oder R-Ecke zu integrieren. Dadurch wird ihre Spiritualität hochgradig subjektiv und instabil. Ohne die Bibel ist es schwer, objektive Aspekte in der Spiritualität zu finden.

Wenn Menschen nur auf die E-, I- und R-Ecke zugreifen, dann funktionieren sie innerhalb eines humanistischen Relativismus. Und das stellt ein weiteres Risiko dar. Wenn die Menschen im Ebenbild Gottes geschaffen sind, dann brauchen sie Absolute, weil auch Gott absolut ist. In einer postmodernen Kultur sind die Menschen der Absoluten müde und gehen lieber davon aus, dass es keine gibt. Auf Konferenzen, auf denen ich gelehrt habe, hatten die Veranstalter T-Shirts entworfen, auf denen die Frage stand: „Sind alle Absolute absurd?". Diese Frage beißt sich selbst in den Schwanz, denn wenn alle Absolute absolut absurd sind, dann ist es auch dieses Absolut. Der einzige Fluchtweg vor der Absurdität liegt darin, Absolute zu haben. Und diese finden wir in der B-Ecke.

22. Gibt es keine Möglichkeit, ein Absolut aus der objektiven Natur der R-Ecke abzuleiten?

Man könnte ein Absolut ableiten, aber es wäre mechanisch und unpersönlich. Wir Menschen erfahren im Leben das Subjektive und das Persönliche, somit würden wir in ein vollkommen rationales oder objektives Absolut nicht hineinpassen oder hineingehören.

23. Muslime oder Hindus könnten aus der B-Ecke die Bibel herausnehmen und mit irgendeiner anderen speziellen Offenbarung oder einem spirituellen Text ersetzen, wie z.B. dem Koran oder den Veden. Wie können wir wissen, inwiefern eine derartige Epistemologie gültiger ist im Vergleich zu einer Epistemologie mit der Bibel in der Offenbarungsecke?

Wir müssen den jeweils vorgeschlagenen Offenbarungstext untersuchen und prüfen, inwieweit er mit der Geschichte und der Wissenschaft übereinstimmt, und wie er zu dem Leben passt, das wir leben. Wir müssen aufpassen, dass wir an diese Texte nicht religiös herangehen und sie anbeten oder einfach annehmen, dass sie wahr sind, sondern wir müssen ihnen Fragen stellen. Wir sollten den Text der Offenbarungs-(B-)Ecke darauf prüfen, ob er die anderen drei Ecken ergänzt oder ihnen widerspricht. Meiner Ansicht nach passt die Bibel besser zu den drei anderen Ecken als irgendein anderer Offenbarungstext.

24. Dein epistemologisches System erkennt explizit die Bedeutung der Wissenschaft an, die sich wiederum stark auf die Vernunft stützt. Spielt die Kunst epistemologisch auch eine Rolle?

Kunst bzw. Kreativität findet vor allem in der E-Ecke statt. Auf der einen Seite hilft uns Kunst dabei, die Wirklichkeit auf ganz unterschiedliche Arten wahrzunehmen. Auf der anderen Seite hilft sie uns dabei, unsere Erfahrungen in vielfältiger Weise zu ordnen. Zur Kunst sollten wir Literatur, Schauspiel, Poesie, Tanz, Musik, Bildhauerei, Innenarchitektur, Modedesign, Architektur und natürlich auch die Malerei zählen. Gute Künstler wollen den Menschen dabei helfen, die Wirklichkeit ganzheitlicher kennen zu lernen. Das ist Teil einer Epistemologie. Kunst kann wahr oder unwahr, hilfreich oder schädlich sein, und muss deshalb immer darauf hin überprüft werden, ob sie zu den anderen drei Ecken in einer komplementären Beziehung steht.

25. Du hast erwähnt, dass Autorität am besten funktioniert, wenn es auch Vertrauen gibt. Könntest du etwas mehr über Vertrauen sagen oder auch andere Elemente, die noch wichtig sein könnten?

Autoritätsbeziehungen benötigen Vertrauen, damit sie optimal funktionieren können. Ohne Vertrauen ist die Beziehung des Untergebenen gegenüber einer Autoritäts-Person oder -Institution davon geprägt, dieser Autorität aus dem Weg zu gehen, sie zu stürzen oder gegen sie zu rebellieren. Eine ganz wichtige Rolle spielen Verlässlichkeit, Konsistenz und Respekt. So muss zum Beispiel die Person in Autorität die untergebene Person respektieren. Respekt bedeutet anzuerkennen, dass die Person unter Autorität den gleichen Wert hat wie die Person, welche die Autorität ausübt, auch wenn beide unterschiedliche Rollen innehaben.

Wir brauchen eine klare Vorstellung der Rollen und Funktionen in Autoritätsbeziehungen. Ich hatte bereits erwähnt, dass Demut eine Form des Realismus ist. Dabei geht es nicht darum, wie wir uns fühlen oder was wir wollen, oder dass wir uns als Fußabtreter benutzen lassen. Es geht darum, sich ehrlich über die wirkliche Situation und den eigenen Zustand klar zu werden. Manchmal brauchen wir Demut um zu erkennen, dass wir *unter* Autorität stehen. Manchmal brauchen wir Demut um zu erkennen, dass wir Autorität *haben*. Beides kann schwierig sein. Wenn wir diese Wirklichkeiten nicht akzeptieren, entstehen Unklarheiten, Missverständnisse und möglicherweise auch Konflikte. Obwohl Autorität für das Leben essentiell ist, kann sie auch destruktive Auswirkungen haben. Deshalb müssen wir weise und umsichtig sei.

26. Vorhin sagtest du, dass die Schwerkraft Autorität hat. Aber wenn Autorität bedeutet, „die Macht zu haben, die Wirklichkeit zu beschreiben", inwiefern „beschreibt" die Schwerkraft dann die Wirklichkeit? Die Schwerkraft spricht nicht.

Sprache ist nicht der einzige Weg, um etwas kommunizieren oder demonstrieren zu können. Die Schwerkraft „sagt" uns, dass wir uns wehtun werden, wenn wir von einem hohen Gebäude springen. Es ist wichtig, dieser Botschaft zuzuhören und sie ernst zu nehmen. „Beschreiben" bedeutet, dass man eine Linie oder einen Kreis um etwas zieht und es dadurch definiert und von anderen Teilen der Wirklichkeit trennt. Die Schwerkraft zieht zum Beispiel eine Linie um das Gehen und platziert es auf dem Boden anstatt an der Decke oder in der Luft.

27. Hat schon einmal jemand anderes ein ähnliches viereckiges Modell der Epistemologie entwickelt?

Ja. John Wesley hat ein Modell entwickelt, das „Wesley'sches Viereck" genannt wird und das vier Quellen der Autorität für theologische Überlegungen nennt. Wesleys Quellen sind, wie bei mir, die Schrift, Tradition, Erfahrung und Vernunft. Allerdings ist das Ziel seiner Vierecks-Methode die theologische Reflexion, während es bei mir die Epistemologie ist. Ich habe Wesleys Arbeit entdeckt, nachdem ich meine Überlegungen ausgearbeitet hatte, und war sehr erfreut, mich in seiner Gesellschaft wähnen zu können.

28. Sowohl die vier Ecken als auch die Brunnen- und Erzählungsansätze geben uns Auskunft über unser Wirklichkeitsverständnis als Ganzes. Aber wie kann man das im Alltagsleben umsetzen? In welchen Bereichen des gewöhnlichen, alltäglichen Lebens kannst du eine praktische Anwendung bzw. Umsetzung der vier Ecken oder des Brunnen- bzw. Erzählungssansatzes sehen?

Die Ecken und die Spalten [von „Brunnen" und „Erzählung", Anm. d. Übers.] bewahren uns vor Unausgewogenheit in unserem Denken oder unseren Erwartungen an das Leben. In der Ehe können uns die Ecken und Spalten beispielsweise zur Erkenntnis verhelfen, dass die Ehe weder mehr „männlich" noch mehr „weiblich" ist. Ein anderer Bereich wäre beispielsweise das Lesen von Texten. Wir erkennen die Bedeutung von Texten auf unterschiedliche Art und Weise. Einerseits zum Beispiel durch das, was der Text sagt und andererseits dadurch, wie ich darauf reagiere. Die Ecken und Spalten helfen uns, diese beiden Erkenntnisquellen als sich ergänzend zu verwenden. Ein drittes Beispiel wäre die Kindererziehung. In diesem Fall helfen uns die Ecken und Spalten dabei, den Kindern die objektiven Aspekte des Lebens zu vermitteln anstatt sie in einer totalen Traumwelt aufwachsen zu lassen. Sie ermöglichen aber auch, dass Kinder ihre eigenen, subjektiven Erfahrungen der Wirklichkeit machen.

29. Hätte jemand eine vollständige Epistemologie haben können, bevor die Bibel geschrieben wurde? Auch heute gibt es Orte und Kulturen, in denen die Menschen die Bibel noch nicht kennengelernt haben. Ist es für diese Menschen möglich, eine vollständige Epistemologie zu haben?

Niemand hat eine vollständige Epistemologie außer Gott in seiner Dreieinigkeit. Dennoch wäre es möglich, dass solche Menschen eine Epistemologie haben, die zur Errettung ausreicht. Die erste Ecke steht, wie ich anfangs gesagt habe, sowohl für „Offenbarung" als auch für „Bibel". Das bedeutet, dass Gott uns nicht nur durch die Bibel Offenbarung schenkt, sondern auch durch die Schöpfung als Ganzes, die Einzigartigkeit des Menschen oder direkte Offenbarung. Das Wirken des Heiligen Geistes ist nicht auf die Bibel beschränkt; er offenbart Wahrheit durch Träume, Naturbeobachtungen oder auf anderem Wege. Gott hat allen Menschen die Ewigkeit ins Herz gelegt. Die Frage ist, wie wir Ihm antworten. Eine „errettende" Epistemologie muss Glauben beinhalten, ob man die Bibel zur Hand hat oder nicht.

30. Du hast gesagt, „Offenbarung ist Information, die aus der übernatürlichen in die natürliche Welt gelangt". Könntest du die Unterschiede zwischen der übernatürlichen und der natürlichen Welt noch etwas erläutern?

Die natürliche Welt, die geschaffen wurde, beinhaltet die Erde und das physische Universum und ist offen für wissenschaftliche Erforschung. Die übernatürliche Welt, die ebenfalls geschaffen wurde, beinhaltet Engel und Dämonen. Es gibt auch eine übernatürliche Welt, die *„ungeschaffen"* ist. Das ist Gott selbst, der nicht geschaffen wurde, sondern immer existiert hat. Die übernatürliche Welt (sowohl geschaffen als auch ungeschaffen) ist wissenschaftlich kaum zugänglich, weil sie zum Teil in Dimensionen existiert und funktioniert, die der physischen Erforschung verschlossen sind.

31. Manche sagen, „Sehen heißt glauben." Was denkst du darüber?

Ich denke, es ist wahr. Sehen heißt glauben – aber glauben heißt auch sehen. Wenn wir zum Beispiel glauben, dass jemand uns liebt oder vertrauenswürdig ist, sehen wir ihn mit anderen

Augen. Wir glauben nicht nur, weil wir sehen, sondern glauben verändert unser Sehen. Wenn der Glaube unser Sehen verändert, dann heißt das nicht notwendigerweise, dass wir dadurch wahrer oder falscher sehen. Der Glaube muss anhand dessen, was wir sehen, überprüft werden. Sehen und Glauben gehört zusammen. Sie sollten in einer komplementären Beziehung miteinander zu einer vollen Epistemologie hinarbeiten.

32. Du redest oft über „Wirklichkeit". Was meinst du mit „Wirklichkeit"?

Wirklichkeit ist, wer Gott ist, was Er tut und was Er will. Das bedeutet, dass das Böse unwirklich ist und dass Sünde unwirklich ist. Gott hat uns dazu geschaffen, wirklich zu sein, und wenn wir uns entscheiden, in der Unwirklichkeit zu leben, dann wird Ihn das ziemlich ärgern.

Wenn ich „wirklich" sage, dann meine ich totale, vollständige, absolute Wirklichkeit und nicht nur einen Aspekt oder eine Erfahrung der Wirklichkeit. Das Gleiche trifft auch auf das Wort „Wahrheit" zu. „Wahrheit" ist grundsätzlich das Gleiche wie Wirklichkeit. Wahrheit muss Liebe beinhalten, denn Liebe ist Teil dessen, was Gott ist und was Er tut und was Er will.

33. Können wir wissen, ob jemand erlöst ist?

Erlösung bedeutet, durch die Kraft Jesu aus einem selbstzentrierten, toten Zustand in einen auf den anderen zentrierten, lebendigen Zustand zu wechseln. Erlösung ist eine Tatsache, die Auswirkungen hat. Die Bibel spricht von Erlösung und Erlösungsgewissheit. Das ist nicht genau das Gleiche. Wenn jemand religiös ist und religiöse Erfahrungen gemacht hat, aber er wächst nicht in den Früchten des Geistes (Liebe, Freude, Friede, Geduld, Freundlichkeit, Güte, Treue, Sanftmut und Keuschheit), dann gibt es keinen Beweis bzw. keine Gewissheit, dass diese Person tatsächlich zu Gott gehört und neues Leben in Christus hat. In dieser Situation gibt es zwei Möglichkeiten: Entweder war diese Person niemals erlöst und hat kein neues Leben (was vermutlich das Wahrscheinlichste ist), oder diese Person ist erlöst und macht gerade eine ziemlich schwierige Zeit durch. Wir Menschen sind nicht der Heilige Geist, somit ist unsere Epistemologie begrenzt.

Manche Dinge weiß nur Gott mit Sicherheit.

Ellis Potter nach einem Vortrag in der
Glasgow School of Art, 2015

Mein Dank geht an

Peco Gaskovski
für sein geduldiges Editieren und beharrliches Motivieren.

Katharine Wolff
dafür, dass sie diesem Buch eine intelligente Schönheit verliehen und dabei Richtlinien für die Trilogie entwickelt hat.

Marsh Moyle
für sein sorgfältiges Lesen und seine überaus einfühlsamen Kommentare zum Text.

Ruth Gaskovski
für ihre inspirierende Ermutigung und das Transkribieren der Originalaufnahmen.

Der Übersetzer dankt:
Noémi und Daniel Ellenberger für ihre Korrekturlesung der deutschen Übersetzung und die zahlreiche Auflösung schwieriger Passagen.

Destinée Media hat zum Ziel, eine frische Perspektive in Leben, Kultur und Weltanschauung zu bringen. Die ist das zweite Buch einer Trilogie, die auf Vorträgen von Ellis Potter basieren.

www.ingramcontent.com/pod-product-compliance
Lightning Source LLC
Chambersburg PA
CBHW071748080526
44588CB00013B/2186